ZHENGXIE
WEIYUAN
SHUO WENHUA

中国人民政治协商会议
北京市朝阳区委员会
编著

政协委员 说

文化

——北京市朝阳区十三届政协建言摘录

知识产权出版社

全国百佳图书出版单位
——北京——

图书在版编目（CIP）数据

政协委员说文化：北京市朝阳区十三届政协建言摘录 / 中国人民政治协商会议北京市朝阳区委员会编著. --北京：知识产权出版社，2021.10
ISBN 978-7-5130-7680-7

Ⅰ.①政… Ⅱ.①中… Ⅲ.①文化产业—产业发展—发展战略—提案—汇编—朝阳区 Ⅳ.①G127.13

中国版本图书馆CIP数据核字（2021）第173316号

责任编辑：卢媛媛　　　　　　　　责任印制：刘译文

政协委员说文化——北京市朝阳区十三届政协建言摘录
ZHENGXIE WEIYUAN SHUO WENHUA
——BEIJING SHI CHAOYANG QU SHISAN JIE ZHENGXIE JIANYAN ZHAILU

中国人民政治协商会议北京市朝阳区委员会　编著

出版发行：知识产权出版社 有限责任公司	网　　址：http://www.ipph.cn
电　话：010-82004826	http://www.laichushu.com
社　址：北京市海淀区气象路50号院	邮　编：100081
责编电话：010-82000860转8597	责编邮箱：luyuanyuan@cnipr.com
发行电话：010-82000860转8101	发行传真：010-82000893
印　刷：三河市国英印务有限公司	经　销：各大网上书店、新华书店及相关专业书店
开　本：720mm×1000mm 1/16	印　张：21.5
版　次：2021年10月第1版	印　次：2021年11月第2次印刷
字　数：375千字	定　价：100.00元

ISBN 978-7-5130-7680-7

编　委　会

文化发展添助力
履职尽责显担当

　　文化是一个国家、一个民族的灵魂。建成文化强国，增强国家文化软实力是党和国家着眼于 2035 年基本实现社会主义现代化远景目标做出的重要战略部署。中华人民共和国成立以来，全国文化中心一直是北京重要的首都功能。朝阳区是首都功能的重要承载区域，是首都文化发展大区和文化资源聚集区，在北京全国文化中心建设中求突破、树标杆、做示范是朝阳区文化建设的目标追求。

　　文化是朝阳区发展的优势，更是发展的动力。从 2017 年至今，朝阳区十三届政协围绕文化建设，组织广大政协委员和区各民主党派成员深入调研、持续建言。2017—2021 年，开展专题调研 24 次，形成建言 1377 份，提案 998 件，其中，聚焦朝阳区"十四五"全国文化中心区建设，开展了 7 个专题调研，为制定朝阳区"十四五"时期加强全国文化中心建设规划贡献了政协力量。

　　2021 年是朝阳区"十四五"开局起步之年，也是朝阳区十三届政协届末之年。为充分体现朝阳区十三届政协委员和区各民主党派成员聚焦文化发展的建言成果，编辑整理了《政协委员说文化——北京市朝阳区十三届政协建言摘录》一书。全书共八章，第一章是文化建设专题调研成果；第二章至第八章是委员建言摘编，内容涵盖了提升公共文化服务质量、科技创新助推文化发展、打造高品质的文化消费、扩大朝阳文化国际影响力、文化与相关产业融合、文化产业创新发展等方面。本书摘编的调研和建言成果，既有对朝阳区文化发展战略的宏观思考，又有对朝阳区文化领域微观案例的观察；既有丰富充分的实践论证，又提出了独到的观点；既着眼于当前朝阳文化发展的实践，又有谋划未来发展的前沿视角。朝阳区委、区政府相关部门对调研工作给予了大力支持，区融媒体中心提供了相关照片资料。在此向辛勤履职、创新实干、无私奉献的政协北京市朝阳区第十三届委员会各位委员和各界人士致以崇高的敬意和衷心的感谢。

本书编委会

2021 年 10 月

第一章 // 坚持创新引领　建设文化朝阳

第二章

// **情系文化民生　助力幸福朝阳**

第三章

// **融合文化科技　加速智慧朝阳**

第四章 // 推动文化消费　打造青春朝阳

第七章 // 厚植文化底蕴　展现多彩朝阳

第八章

// 完善文化配套　塑造品质朝阳

第一章

坚持创新引领
建设文化朝阳

加快实施"文化+"战略 全面建设全国 文化中心核心区

连玉明　朝阳区政协副主席

文化引领是朝阳未来发展的风向标。围绕这个主题，我提出"一二三四五"的议政思考，即提升一个战略，突出两个核心，抓好三个统筹，深化四项改革，打造五大品牌。具体讲，就是五个方面，十七点建议。

一、提升一个战略

（一）文化引领应当成为朝阳转型发展的主战略

对当前的形势，我们的总体判断是：一是以学习贯彻落实习近平总书记治国理政新理念新思想新战略为根本遵循，我国改革开放和创新驱动发展进入新时期；二是以有序疏解北京非首都功能为重点的京津冀协同发展战略和建设以首都为核心的世界级城市群为目标，首都发展进入新时期；三是以北京城市总体规划修编和北京建设国际一流的和谐宜居之都为标志，朝阳的"三区"建设进入新时期。这三个基本判断，得出一个重要结论，新时期发展的重点，就是转型。这个转型，不是经济的增长、GDP增长，而是知识的增长、信息的增长、秩序的增长，本质上是文化的增长。这个增长既代表发展趋势，也彰显首都特色。对朝阳而言，"建设三区，建成小康"，关键也在转型。转型的核心是减量提质、减人增绿。减的核心是疏功能、调结构，增的核心是增内涵、提品质。这个内涵、这个品质的本质就是文化。以文化引领全面转型，就是要加快实施"文化＋"战略，全面建设全国文化中心核心区，把文化发展上升为朝阳转型发展的重大战略，引领全局、覆盖全面、贯彻始终。这既是新时期朝阳发展的战略选择，也是北京建设国际一流的和谐宜居之都的内在要求。

（二）加快实施"文化＋"战略，必须以社会主义核心价值观为引领

北京进入新的发展时期，文化中心建设显得分量更重、责任更大。作为全国文化中心，对外代表国家软实力，展示国家新形象，对内则增强文化自信，对全国文化建设起到引领示范作用。对朝阳而言，加快实施"文化＋"战略，就是要坚持社会主义核心价值观为引领，坚定中国道路，弘扬中国精神，凝聚中国力量，在古都文化与首都文化、传统文化与现代文化、中华文明与世界文明的融合发展中凝魂聚气，续脉启新，强基固本，为全国文化中心建设和朝阳区转型发展提供强大的价值引导力、文化凝聚力和精神推动力。

（三）加快实施"文化＋"战略，关键要在"＋"上做文章，全面推动文化融合发展

"文化＋"战略的核心是跨界、融合、开放、共享。推动文化跨领域、跨行业、跨区域、跨平台、跨要素融合，是"文化＋"战略的逻辑起点。朝阳区是文化资源大区，探索文化＋经济、文化＋金融、文化＋商务、文化＋科技、文化＋生态、文化＋社会治理、文化＋公共服务、文化＋冬奥、文化＋文明、文化＋党建的融合发展路径，开放文化资源，共享文化成果，把文化优势转化为竞争优势、发展优势，这就是"文化＋"战略的重要方向。

二、突出两个核心

（四）建成国家公共文化服务体系示范区的核心区，关键在于发挥示范作用

检验这个核心区的第一标准，就是看这个核心区能不能在全国文化中心建设中发挥示范作用。这个示范，概括起来讲：一是看是不是构建了促进公共文化服务区域均等、城乡均等、人群均等新体制；二是看是不是形成了人人参与、人人尽力、人人享有的公共文化服务新模式；三是看是不是实现了满足人民群众多层次、多样

性、多元化文化需求，文化发展成果共建共享的新格局；四是看是不是担负起优秀文化传承和对外文化交流的新功能。这四条，既是朝阳区建设国家公共文化服务体系示范区核心区必须深化的重要内容，也是在全国文化中心建设中发挥示范作用的重要任务。

（五）建成国家文化创意产业引领区的核心区，关键在于发挥引领作用

一是战略引领。核心是打造文化创新战略策源地、文化技术标准输出地、文化创意要素集聚地和文化模式创新涌现地。二是创新引领。核心是敏锐把握文化科技融合发展的新趋势，紧紧抓住和用好新一轮科技革命和产业变革的新机遇，掌握和善用移动互联、大数据、云计算、物联网、区块链、人工智能等新一代信息技术，打造创新驱动发展新引擎，引领数字文明新时代。三是平台引领。核心是依托京津冀共建文化创新政策集成平台、文化创意产业孵化转化平台和文化成果交流合作平台。说到底，文化创意产业引领，本质上是人才引领和高端企业引领，这是建成国家文化创意产业引领区核心区的核心所在。

三、抓好三个统筹

（六）统筹设施、机构和人才，整合发展资源

从本质上讲，文化是一个整体，是一个体系。传统的思维方式、管理方式往往把文化割裂开来，造成文化设施、机构、人才的碎片化，甚至削弱和瓦解了文化的功能。统筹设施、机构和人才，关键是创新体制机制。朝阳文化最大的优势在于融合发展，科技文化要融合，教育文化要融合，文化事业和文化产业也要融合，根本上就是要统筹深化体制机制的融合。

（七）统筹规划、政策和平台，形成发展合力

统筹规划，就是要把战略谋划、系统规划和项目策划统筹起来，优化和拓展文化发展空间。例如，利用工业遗存为公共文化服务，为文创产业拓展空间。统筹政策，就是整合、集成和运用好国家、市、区发展文化的各种政策，特别是用好新一轮服务业扩大开放的综合试点政策红利。统筹平台，就是对接好国家文化产业创新实验区和中关村国家自主创新示范区这两大平台，真正实现文化科技"双轮驱动"，融合发展。

（八）统筹市场、政府和社会，创新发展格局

朝阳区有5万多家文化企业，加上公共文化服务主体，超过6万多个。如何让这么多的主体多元参与、形成合力，关键在于研究落实如何使市场在资源配置中起决定性作用，如何更好发挥政府统筹、政策引导的作用，如何形成政府、市场、社会共同推动文化发展的新格局。

四、深化四项改革

（九）深化文化领域供给侧结构性改革

朝阳区要实现从经济大区向文化大区的全面转型，首要任务就是解决文化产品和服务的供需矛盾。当前的主要矛盾是，文化需求大、层次高、个性化强，而我们的文化供给却是种类少、层次低、服务滞后。例如，CBD过多的是交易中心，缺乏的是交流空间。解决这个问题，必须推进文化领域供给侧结构性改革，最重要的是激发文化资源活力，激发文化主体活力，激发文化创新活力，激发文化服务活力。

（十）深化公共文化服务改革

朝阳区文化馆，已经成为公共文化服务体系示范区的样板。这个样板，如何形成可复制、可推广的模式，从而构建完善的城乡一体的公共文化服务体系，还需要进一步深化改革。比如，每个街乡或者街区，能否建立一个具备区文化馆水准的文化馆，培养一批具有区文化馆水准的文化馆长，开展一批具有区文化馆水准的文化活动，形成一套具有区文化馆水准的管理机制，这都需要深化改革。再如，能不能整合区文化馆、图书馆、博物馆资源，建设一个具有国际一流、国内领先水平的朝阳文化大厦，这不仅是朝阳建成全国文化中心核心区的标志性工程，也是深化公共文化服务的重大改革举措。

（十一）深化文化融合发展的体制机制改革

一是促进文化与科技深度融合。文化创新本质上是科技驱动。只有科技创新在文化领域的转化应用，文化产品和文化服务才具有表现力、感染力和传播力，文化产品和文化服务才具有高品质、高层次和高附加值。二是促进公共文化服务和文化创意产业融合发展。在公共文化服务中激发文化创意，用文化创意丰富公共文化服务内涵，促进文化产品业态和服务业态融合，这也是文化改革的重要方向。三是促

进央企文化资源、市属文化资源与区域文化资源融合发展，关键是改革优化营商营文环境，特别是政府的制度环境和政策环境。

（十二）深化文化人才制度改革

朝阳区是一个文化资源大区，但并不意味着就是一个文化人才大区。朝阳区不乏一流的文化企业，缺乏的是一流的文化人才，特别是文化领军人才。建成国家公共文化服务体系示范区核心区和国家文化创意产业引领区核心区，关键是建立一套文化人才的发现机制、培养机制、使用机制、评价机制和激励机制。两个核心区的建设，关键在人才，成败在人才。

五、打造五大品牌

（十三）打造时尚文化街区和特色文化社区品牌

围绕奥运村、三里屯、麦子店、潘家园、高碑店等打造时尚文化街区，这是朝阳区文化发展的最大优势；围绕朝阳区"十三五"规划的"六个100工程"，100个特色社区建设应当赋予文化内涵，这是建设国家公共文化服务体系示范区核心区的最好载体。

（十四）打造郊野文化主题公园品牌

朝阳的农村地区，特别是朝阳区第一道绿化隔离带和第二道绿化隔离带地区已经兴建一批郊野公园，但这些公园缺主题、缺功能，核心是缺文化。如果围绕郊野公园，采取"一公园一主题"赋予文化题材，文化有了载体，公园有了功能。现在，有很多企业家有这方面的创意。只要政府支持并有政策引导，一定能够打造一批郊野公园文化品牌。

（十五）打造乡愁文化品牌

乡村是一种文化记忆。乡村拆迁了，农民上楼了，文化也随之消失了，缺乏有效的保护与传承载体，这是农村城市化的一种悲哀。朝阳的文化发展，应当关注和重视在农村城市化过程中已经消失、正在消失和即将消失的村庄，并对乡愁文化进行抢救性挖掘和传承，这不仅体现朝阳区情，更具有朝阳文化的特色。

（十六）打造首都景观文化品牌

在新修编的《北京城市总体规划》中，要在北京打造10片传承历史文脉、体现时代特征的重点景观区域，集中展示首都城市风貌。其中有两片在朝阳区：一片是国际文化景观区域，也就是 CBD 及三里屯地区；另一片是创意文化景观区域，也就是望京及酒仙桥地区。做好这两片区域，对深入挖掘中华文化精髓，保护与传承相结合，塑造与首都风貌相适应的人文景观特色非常重要，这是建设两个核心区的重要窗口。区委、区政府应率先全力推动这两个区域建设，把这两个区域建成建筑风貌好、环境品质高、文化功能强的典范地区，集中展示国家形象、民族气魄及地域文化多样性，提升国家和民族的世界地位，成为国际文化交流与传播的重要载体。

（十七）打造奥运文化品牌

朝阳区曾是亚运会、夏奥会的主阵地，又将成为冬奥会的主战场、主阵地、主舞台。从奥运文化到冬奥文化，既传承又创新，对朝阳来说，是机遇更是责任。以冬奥会筹备为契机，传承奥运精神，讲述中国故事，阐释朝阳特色，展示首都形象，应当成为朝阳区全面建设全国文化中心核心区的题中应有之义。

推动朝阳区
大运河文化资源
创造性转化与
创新性发展的建议

朝阳区政协文化文史委员会

近年来，朝阳区一直坚持推进大运河文化带保护建设，恢复古都历史风貌。如何推动大运河文化保护传承与现代新消费、新文化、新业态有机结合，释放新活力，打造既有历史底蕴又有现代风韵的朝阳特色大运河文化，对朝阳区在大运河文化保护传承利用中发挥好"创新引领"作用具有重要意义。

一、朝阳区大运河文化资源创造性转化与创新性发展现存问题

目前，朝阳区已在大运河文化资源创造性转化与创新性发展方面取得了诸多成绩，但从整体来看，仍存在系统性规划短缺、发展状况不均衡、文化资源利用水平不足、传播水平有待提升等问题。朝阳区对大运河的科学保护、创新活化和借势利用还有较大的提升空间，大运河对塑造城市精神、彰显城市特色、丰富文化服务、推动全国文化中心建设的作用还不凸显。

一是朝阳区大运河文化带建设系统性规划有待出台。当前通惠河、萧太后河、坝河、温榆河等河段的保护、治理及开发工作仍相对独立，各河段在文旅项目设计、特色景点打造等方面沟通较少，缺乏协同。将朝阳区大运河文化带建设同朝阳区未来整体发展相协调的顶层设计尚存短缺。

二是大运河文化资源梳理及利用水平有待提升。在大运河文化资源梳理上，朝阳段大运河文化的精神内核有待提炼、大运河文化资源的数字化保护水平有待提升；大运河文化资源利用上，运河文化资源的 IP 化发展仍有提升空间。

三是朝阳区与大运河沿线城市协同合作有待推进。朝阳区与沿运城市的合作水平仍然较低、与国际运河城市的交流水平较低，提升与运河沿线城市的协同合作水平对北京全国文化中心建设具有重要意义。

萧太后河展览馆

四是朝阳区大运河文化的宣传力度有待加强。市民对大运河文化缺乏了解，大运河文化展览场所、大运河文化景观知名度不高等问题仍然存在。

二、朝阳区实现大运河文化资源创造性转化与创新性发展的解决对策

（一）短期举措

一是要健全政府部门协同管理体制机制，组建朝阳区大运河文化带建设领导小组。二是要深化朝阳区大运河文化资源的系统性保护与精神内核研究，实施朝阳区大运河文化资源数字化工程。三是要加强对朝阳区大运河文化资源的宣传推广力度，研究制定朝阳区大运河文化带宣传推广工作方案。

（二）中期举措

一是要制定《大运河（朝阳段）文化带建设总体规划》，结合朝阳区"十四五"建设规划，构筑大运河文化传承与创新的旗帜性和示范性河段。二是要统筹推进大运河文化带建设与区域协同发展，差异化打造各河段文旅项目。三是要立足全局视野，提升沿运城市合作水平。引领创新大运河文化带的合作组织、机制、政策与内容，推动形成文化带命运与利益共同体。四是要推动大运河文化资源的创新性发展。实施"大运河 IP 孵化计划"，提升朝阳区大运河文化资源的利用水平。

（三）长期举措

一是筹建大运河国际传播交流平台，增强国家文化软实力。二是协同国家文创实验区推进大运河文化产城景互动，将国家文创实验区建设成中国大运河文化带创新能力最强、辐射能力最大、发展质量最高的文创产业集聚区。三是推进融合发展，形成"大运河文化 +"格局，扎实推动大运河文化在保护中传承、在传承中创新、在创新中发展。四是加强法制建设，推动制定《大运河（朝阳段）保护条例》。五是做出朝阳特色，打造大运河文化发展"朝阳样板"。

三、结语

建设大运河文化带是新时代党中央、国务院做出的一项重大决策部署。"十四五"期间，朝阳区在北京"四个中心"城市战略定位，特别是首都全国文化中心的整体规划部署下，肩负文化创新发展的重要使命。朝阳区须立足国家战略与国际视野，切实增强参与和推进大运河文化资源创造性转化与创新性发展的使命感、责任感和紧迫感。通过创造性转化和创新性发展大运河文化资源，为朝阳区发展塑魂赋能，夯实内生动力；为沿运城市推进大运河文化带建设，提供创新性的标杆与示范。

牵头单位：朝阳区政协文化文史委员会

指导专家：范周，中国文化产业协会副会长、中国传媒大学文化发展研究院院长

课题组成员：范　周　阚存一　熊海峰　赵　航　杨建国　梁宝萍

　　　　　　刘可欣　陈凤霞　林　硕　刘　翎

推进朝阳区文化科技高质量融合发展的建议

朝阳区政协经济与科技委员会、港澳台侨委员会

近年来，朝阳区实施一系列措施，大力推动文化科技发展，为全国其他地区文化科技建设提供了新经验、创造了新模式、引领了新方向。但我们也要看到，当前朝阳区文化科技融合发展还面临一些阻碍，潜力还没有充分释放，需要针对性解决。

一、日新月异，朝阳文化科技融合卓有成效

（一）做好顶层设计，助力融合发展

"十三五"以来，朝阳区充分发挥国家文化产业创新实验区政策创新"试验田"的先行优势，制定并实施了一揽子文化科技创新性政策措施，持续加强文化科技新业态、文化消费等重点企业的文化科技融合创新能力。

（二）高远定位争一流，明晰规划创先锋

"十四五"期间，朝阳区为继续深入推进文化科技融合发展，提出要在全区形成以国家文创实验区为主轴的新发展格局。

（三）大力培育市场主体，全面构建产业生态

朝阳区积极探索科技创新支撑引领文化发展的模式，培育壮大泡泡玛特、掌阅

科技等一批文化消费领军企业和隐形冠军企业。同时多类型、多领域文化科技企业的不断涌现，成为驱动朝阳区经济文化社会高质量发展的新动能。

国家体育场（鸟巢）

二、砥砺奋进，在短板中找准发力点

（一）政策红利尚未完全释放

从发展情况来看，一方面，政策红利还没有完全释放，在推动文化科技融合等工作上还需继续发力；另一方面，部分企业在及时准确地借助政策红利实现高质量发展上还存在困难。

（二）文化与科技双向融合力度不足

朝阳区在文化科技融合发展中忽视了对"文化＋科技"与"科技＋文化"之间的微妙区分，文化对科技进步的推动作用没有得到充分重视。另外，朝阳区文化科技融合模式不够多元化，缺乏相关的技术引领和理论支撑。

（三）复合型、专业性人才缺失

朝阳区文化科技发展专业人才存在较大缺口，同时，区政府部门中也缺少文化科技类人才参与政策制定、市场研究等工作，容易出现政策落实效果不理想、与产业发展存在脱节等现象。

（四）平台建设有待完善，配套服务还需加强

朝阳区文化科技平台建设与发达国家相比仍处于初级水平，存在较大差距。比如，朝阳区产业平台聚焦于提升企业和园区的质量和水平，还需对"产学研用"于一体的平台进行功能提升。

（五）产业价值链挖掘不够，创新能力需提升

目前，朝阳区文化园区和企业，大多数采用的资源融合模式，不利于促进文化科技的深层次融合。很多企业尚未形成适应文化科技发展特点的系统化发展模式和制度体系，对融合发展的理念和机制也不明确，不能充分把握发展规律和发展方向。

北京国际大数据交易所落地朝阳

三、多方发力，夯实文化科技融合路径

（一）加强政策引导，完善一体化全产业链配套政策

一是建立完善文化和科技融合发展工作协调推进机制，强化文化、科技、经济

等部门协同。二是立足自身实际，明确文化与科技融合的重点突破方向、区域布局板块和任务支撑体系。三是完善文化与科技融合政策扶持体系，集中支持一批文化科技融合项目。四是建立文化和科技融合统计监测与评价制度，对全区文化和科技融合发展的质量效益进行动态监测。五是逐步完善以保护文化科技融合创新成果知识产权为核心的法律法规和制度体系。

（二）优化产业布局，加快文化科技成果的应用步伐

一是加强文化共性关键核心技术研发。二是健全文化科技成果转化应用体系。三是培育基于云计算、大数据、虚拟现实等信息技术的新兴文化业态。四是积极推动政产学研用协同创新，构建开放高效的创新网络。

（三）聚焦平台建设，阶梯式培育文化科技融合企业

一是把国家文化和科技融合示范基地建设作为全区的核心载体，形成以龙头骨干企业为支点、大中小企业紧密配合的发展模式。二是鼓励和推动朝阳文化园区向"文化科技园区"转型升级。三是培育壮大文化科技企业，发挥企业在文化和科技融合中的主体作用。

CBD 风采

（四）注重人才建设，增强文化科技融合的内生动力

一是加大文化创意、文化科技研发等高端人才的培养扶持力度。二是鼓励文化科技企业、园区与高等院校、科研机构共建人才培养、实训基地。三是建立文化和科技融合决策咨询机制，加大文化和科技融合项目立项支持力度。

（五）深化开放合作，拓展文化科技融合的国际影响力

一是加强文化贸易和数字贸易领域促进政策研究。二是聚焦国家文化出口重点企业，提升优质内容的持续稳定输出能力。三是鼓励和引导跨境电子文化贸易，加快发展跨境文化电子商务。四是充分发挥区内国际企业总部、驻华使馆、国际商会、国际传媒机构、国际交流平台等优势，深化同世界各国文化与科技的交流合作。

牵头单位：朝阳区政协经济与科技委员会、港澳台侨委员会

指导专家：张树武，中国科学院自动化研究所数字内容技术与服务研究
　　　　　中心主任

课题组成员：李海作　赵　霞　杨　鬲　丰春秋　李继泉　刘矜兰
　　　　　　黄峻雄　刘　铭　张凌云　陈进林　何深思　黄　铭
　　　　　　顾婷婷　赵建萍　黄　乐　李　晟　伊丽媛　陈红卫
　　　　　　王立华　肖　汶　袁　力　万晨阳

打造"朝阳特色"
促公共文化服务社会化升级

朝阳区政协文化文史委员会、教育卫生与体育委员会

作为全国文明城区、国家公共文化服务体系示范区、国家文化产业创新实验区，朝阳区要主动推动公共文化服务社会化专业化发展，在改革创新中实现公共文化服务供给方式多元化。通过市场化优势产品和服务，拓宽公共文化服务多元化供给渠道。

一、公共文化服务社会化发展需要处理好三大关系

一是传统服务模式与社会化发展模式之间的关系。 无论是传统服务模式还是社会化发展模式，首先要注意二者如何协调，而不是走了传统模式就不能进行社会化的探索。

二是公共文化服务供给与人民群众文化需求之间的关系。 长期以来，传统的公共文化服务运行模式依赖政府全额拨款，引入社会化力量不仅要提升公共文化服务的供给能力，也要充分借鉴市场化思维，充分对接人民群众文化需求，提高供给与需求的匹配度，借助社会化发展提升公共文化服务的实用性和多元性。

三是政府与社会运营主体之间的关系。 政府在公共文化服务领域引入市场竞争机制后，既要充分发挥市场在资源配置中的积极作用，也要规避市场资本非理性趋利的风险，坚持政府主导，加大对公共文化服务社会化体系的规范和监督。

朝阳区文化馆

二、 朝阳区现代公共文化服务社会化建设对策

（一）健全公共文化服务社会化运营机制

朝阳区政府较早地引入社会力量参与公共文化服务体系建设，目前本区公共文化服务购买主体和内容待细化，需进一步提升公共文化服务社会化服务质量，推进公共文化服务社会化购买机制完善；公共文化服务购买主体以及购买权利往往受到多重限制，基层公共文化设施和组织无法根据实际及时调整公共文化购买，公共文化服务购买主体的权责待下放。在公共文化服务社会化供给主体方面需要依靠制度、规章规范进行常态化审核；公共文化服务社会化项目评估审议制度也应当尽快完善。

（二）明确公共文化服务社会化制度标准

在公共文化服务社会化供给主体方面需要依靠制度、规章规范进行常态化审核。其中在政府购买和全委托社会机构两类模式中，公共文化服务供给资质需要按照年限邀请政府、公众、第三方进行主体资质审核。因而需要根据所购买公共文化服务的特点，分类制定内容明确、操作性强、便于考核的公共文化服务标准，方便承接主体掌握，也便于购买主体监管。同时，尽快完善公共文化服务社会化项目评估审议制度，加强对服务项目的全过程跟踪监管和检查验收。

图书市集

（三）完善公共文化服务社会化政策保障

需进一步规范公共文化服务社会化运营范围。建立以项目选定、信息发布、组织采购、项目监管、绩效评价为主要内容的规范化购买流程；按照公共文化服务体系建设的新要求、新标准，推动制定与公共文化服务保障法相衔接的公共文化服务社会化政策；深化与智库机构进一步合作的政策。

（四）探索特色公共文化空间社会化模式

"小而美"特色公共文化空间建设不仅在一定程度上解决人民群众的精神文化需求丰富且多变的现状，也以更加灵活、接近人民群众的优势推进公共文化服务不断升级。因而要鼓励和引导党政机关、国有企事业单位和学校文化设施向公众免费或优惠开放。推动公共文化资源注入产业园区、商圈、街区、商务楼宇等设施，建设和拓展一批融入城市生活场景的公共文化空间。未来朝阳区应着力于特色公共文化空间建设的标准化探索、优化现有文化设施布局和空间利用、加强特色内容提升。

（五）建设特色公共文化活动社会化品牌

公共文化服务产品设计以受众真实需求为导向。建立特色公共文化活动社会化品牌构建意识，通过成立专门机构，统筹全区文化配套设施、腾退空间、社会资源管理与利用，按照品牌化思路打造特色城市公共文化服务空间，以社会力量作为主导参与特色公共文化活动，以长期、持续运营的思路进行品牌化打造。

阅读活动

（六）建立数字公共文化服务社会化平台

加大线上线下融合发展力度，线上服务助力公共文化服务高质量发展。通过加强文化科技融合，充分利用云计算、大数据、互联网等现代科技和"三微一端"（微信、微博、微视频以及客户端）等新媒体，积极推动文化发展理念与文化传播手段创新，拓宽公共文化服务载体和服务途径。

（七）加强公共文化服务社会化人才队伍

创新人才培养机制，充分调动用人单位在人才资源开发、人才培养、吸引和使用中的主体作用，加大对高层次人才培养扶持力度，注重在实践中发现、培养、造就人才。建立公共文化管理干部、群众文化组织员和群众文化队伍数据库，建立培训档案。

牵头单位：朝阳区政协文化文史委员会、教育卫生与体育委员会

指导专家：李国新，文化和旅游部公共文化研究（北京大学）基地主任

课题组成员：徐　伟　阚存一　杨　青　李冬军　侯雪彤　隋　缘

　　　　　　梁鑫华　钱流洋　李　静　胡珂珲　杨永久　牛　艳

　　　　　　吴　镝　张　勤　余芯宇

关于发挥创新引领作用
推进文化产业园区转型升级的建议

朝阳区政协经济与科技委员会、港澳台侨委员会

"十三五"时期，朝阳区文化产业园区成效显著，文创实验区作为我国文化产业高端引领、创新驱动、协同发展路径的"试验田"，不断探索具有示范意义和推广价值的文化创新发展新模式、新政策、新服务，有效地促进朝阳区文化产业园区品质提升，助力其实现从"文创实验区"向"引领区"转变。在城市更新的背景下，文化产业园区与城市协同发展效益日趋明显。

一、当前朝阳区文化产业园区发展现状及问题

当前，文化产业园区发展存在的问题突出表现为以下三点。一是个性化配套服务设施有待进一步完善。市政公用配套设施、相关中介配套服务存在不足。入驻企业无法享受融资担保、信息、技术、人才等各方面服务，提升市民、游客文化生活品质的配套服务不足。二是老旧厂房用地性质有待进一步明确。老旧厂房的功能和形态变化的同时，面临消防、用地等诸多问题，在瓦片经济向创意经济升级过程中的痛点问题亟待解决。三是园区国际交流合作有待进一步提升。目前园区合作大多集中在文化活动的承办、部分业务的合作等方面，在依托数字经济发展的新业态方面和深度交流方面有较大合作空间。

北京 798 艺术区

二、"十四五"时期朝阳区文化产业园区品质提升的对策

（一）坚持高端定位，推动文化产业园区高质量发展

"十四五"时期，朝阳区文化产业园区面临新一轮品质提升。在文化产业园区品质提升的过程中，首先要坚持高端定位，着力推动科技创新成果在文化领域的转化应用，加快发展数字创意文化产业，孵育文化科技创新型企业，推动文化产业园区业态向"高精尖"、跨界化、国际化的高质量方向发展。

（二）实现创新引领，深化推广"朝阳经验"

在总结提升文创实验区建设和发展经验的基础上，未来文创实验区范围适时拓展至北京市其他各区乃至全国其他地区，形成以政策复制、产业关联为主要方式的"一区多园"的空间发展新格局。结合朝阳区文创行业发展特点及对相关专业人才的需求程度，吸引更多文化人才落户留京。

（三）发展数字经济，打造优质数字营商环境

加快数字化发展进程，打造数字化公共服务平台，加强数字化建设。以数字经济为依托，探索"数字经济＋"等多种业态形式，实现创意设计、演出会展、动漫游戏等一系列领域数字化发展，加快数字化建设，培育发展线上经济新业态。不断

探索云端文化产业园区形态，实现数字技术下的信息共享和连接。

（四）强化规范管理，营造高效集约发展空间

按照生产空间集约高效、生活空间宜居和谐、生态空间绿色优美的原则，科学规划文创实验区空间发展布局。优化调整城市功能用地，实现产业空间、商业金融、科研教育、公共绿地、生活居住等功能用地之间的相互匹配，实现空间上相融、相连、相联。推进园区、社区、校区"三区一体"的融合联动，实现就近就业、就近创业、职住平衡。

北京懋隆文化产业创意园

（五）构建特色品牌，发挥园区企业集聚效应

实施文化产业园区品质、贡献度"双提升"行动，聚焦"文化＋科技"融合发展，加强园区品牌化、特色化培育，着力提升品质和效益，提升专业化运营水平，提升周边环境和公共配套。探索"文化产业园区＋城市文化公园"的城市更新模式，打造朝阳文化名片。建设世界知名文化产业园区协同发展联盟，提升文创实验区国际影响力。

铭基国际创意公园

（六）加强对外交流，着力提升国际合作能力

加强国际文化产业园区发展联盟建设，积极开展与国际知名文化园区的交流合作，深入推动政府、企业、社会组织间的交流合作，搭建文化产业国际交流合作平台。以服务首都全国文化中心建设为契机，培育国际文化交易市场，建立国际高端人才交流机制，传播文化产业创新发展理念，进一步彰显中华文化在世界文化中的影响力和感召力。

站在新起点，朝阳区文化产业园区的品质提升将迎来重大发展机遇。为此，要充分发挥近年来朝阳区文化产业园区在建设方面形成的有效经验，全力推进文化产业园区品质提升，引领文化产业高质量发展。

牵头单位：朝阳区政协经济与科技委员会、港澳台侨委员会

课题组成员：李海作 赵霞 常天恺 丰春秋 解卫 黄峻雄

刘铭 鲍啸峰 麻建勋 黄乐 李晟 贾恩松

伊丽媛 陈红卫 王立华 刘文杰

关于加强需求侧管理
激活文旅消费活力的建议

朝阳区政协文化文史委员会

"十四五"时期是我国从全面建成小康社会向基本实现社会主义现代化的关键时期，也是培育新增长极、拉动文旅消费提质增效的重要节点，更是助推文旅产业由高速增长向高质量发展转型的战略机遇期。在此背景下，朝阳区如何为助力首都全球消费中心城市建设贡献"朝阳力量"，成为我区未来发展需要破解的重要问题。

一、朝阳区文旅产业面临的挑战

从供给端来看，受疫情影响，文旅产业活力降低。朝阳区文旅行业线下资源依赖度较高，产业链模式较为单一，碎片化、封闭化、低端化、创新难问题突出，抗风险能力较弱。因疫情防控，我国入境旅游一直处于停摆态势，同时各类国际会议、国际文化交流活动一部分转移到线上进行，另一部分则被迫取消。因此，如何扩大国内市场，吸引更多境内游客消费，是朝阳区部分文旅企业当下的重点和难点。

从需求端来看，旅游地标差异化竞争优势不足。朝阳区内的文旅地标如798艺术区、三里屯太古里、蓝色港湾、朝阳公园等，缺少明显的差异化竞争优势，对于很多首次来京的外地游客吸引力不大。因此，如何打造极具特色的文旅地标，如何激活外地游客的消费市场，引导外地游客前往朝阳区，如何刺激来京旅客的文化消费欲望，正确对接游客的文化消费新需求，将是朝阳区文旅产业在未来发展中的一大挑战。

二、通过需求侧管理激发文旅消费活力的四大路径

第一，针对国贸地区的街道、楼宇进行消费性提升。国贸地区聚焦以文化促进消费持续升级。推动国际品牌首店、旗舰店落户"国贸—大望路"地区，推动街道进行文化场景营造提升，鼓励临街店铺艺术化地进行装饰设计，推出主播交流活动，打造更多"网红打卡地"。

第二，盘活北京中轴线与北四环交界地区的文旅资源。推动奥林匹克公园、国家体育馆、国家游泳中心、奥体中心及周边楼宇和街道的联动发展。对地区道路和基础设施进行重新规划设计，充分利用周边会展资源和酒店住宿资源，打造"奥运记忆"文旅消费新场景，拉动内需，提升地区消费能力。

朝阳区三里屯

第三，聚焦时尚文化活动，提振夜经济消费活力。聚焦工体地区、常营地区、蓝港地区、朝青地区与百子湾地区的联动发展，以时尚文化活动激活夜间经济活力。鼓励社区、企事业单位围绕"文化＋体育"主题设计夜间活动，推动"健康中国"建设。引导各类休闲文娱活动与数字技术充分结合，前瞻性布局如"真人密室""沉浸式剧本杀"等新兴业态在多地区高质量落地。

朝阳区景观

第四，加强大运河文化带建设，盘活周边文旅资源，加强大运河漕运码头地区、通惠灌渠地区建设，聚焦大运河保护传承利用，依托平津闸、将军庙、龙王庙等历史文化景观，引导文化企业在现有景观基础上进行再更新和再建设，优化地区生态环境，发展绿色经济。借助高新科技手段，沿通惠河河道打造以"历史、文化、科创"为核心的三大滨水文旅廊道。历史廊道主要表现通惠河的古今发展历史，还原大运河在不同历史时期的风貌。

文旅消费是构成文旅产业生产与再生产的最终环节，文旅消费的增长必然成为刺激文化产品高质量生产的原动力，而文旅产品供给质量的不断提升又能够倒逼文旅消费提质升级，从而形成加速文旅产业协调发展的良性循环。"十四五"时期，期待朝阳区抓住"两区建设""全球消费中心城市建设"等历史机遇期，推动文旅产业整体提质增效，迈上新台阶。

青少年体育赛事

牵头单位：朝阳区政协文化文史委员会

课题组成员：陈 霞 阚存一 孙艳红 周慕超 王舒啸 刘 华

　　　　　　侯 毅 王志国 李 慧 隋思金 周 赢 张昕圆

加强城市文化治理
守住朝阳文化底蕴

朝阳区政协人口资源环境和建设委员会、社会法制与民族宗教委员会

文化治理关系到加强文化领域制度建设，是"五位一体"总体布局的重要组成部分，是国家治理体系的重要组成部分，文化治理现代化是国家治理现代化的重要支柱。近年来，朝阳区注重城市文化治理，坚持用社会主义核心价值观引领朝阳全国文化中心建设，发挥国家文化产业创新实验区政策先行先试优势，文化创新活力不断提升，公共文化配送体系进一步完善，文化设施辐射带动效应和文化品牌设施全面加强，持续发挥国际化资源聚集优势，提升了文化地标的国际知名度。

一、朝阳区提升文化治理能力和水平的经验

一是重视制度顶层设计，以文旅融合和公共文化服务为支撑，提升文化治理综合效能。先后出台多部专项政策，为文化跨越发展夯基础、绘蓝图。二是大力引入社会力量，进一步提升文化治理社会化程度。进一步创新推动文化产业园区与公共文化服务、文化旅游等融合发展的惠民文化功能。三是坚持生态优先，以生态文明建设推动城市治理效能提升。四是创新工作机制，不断提升治理能力和治理水平。发挥"两区"优势，推动"事业＋产业"建设，文化消费试点政策率先落地。

学雷锋文艺志愿服务文艺演出活动

二、朝阳区文化治理现存制约问题

（一）文化伦理建设仍需强化

一是居民文化认同感有待提升。随着朝阳区人口流动性和文化多样性的增加，部分外迁村居民文化认同、身份认同和地域认同模糊。二是居民文化伦理约束力不强，与首都现代化国际大都市相适应的新型城市文化伦理尚未完全建立起来。

（二）文化艺术场景营造仍需提升

一是城市内文化主题文艺创作形式有限。朝阳区文化相关的文艺创作形式存在一定局限性，多为舞台演出、展示陈列等形式，缺少新媒体、线上线下结合等符合当今文化传播的方式。二是朝阳区文化主题文艺受众有限，群众文化鉴赏积极性需要提升。

（三）文化和旅游融合发展仍需深化

一是文化资源内核与文化产业、旅游产业融合度待提升。文旅融合的空间在朝阳区的占比较少。二是文化产业发展受空间、资金、权限多重约束。三是文化内涵挖掘需要深化。

三、"十四五"时期构建朝阳区文化治理体系的路径建议

（一）引导以核心价值观为引领的居民文化自觉体系

首先，应将社会主义核心价值观与中华传统城市伦理价值观有机融合，推出更

多有正能量、有感染力的优秀文化成果。其次，强化朝阳区街道级党建工作，通过特色党建活动凝心聚力，打造朝阳特色党建文化品牌。最后，让社区居民参与区域文化建设的规划管理，使社区居民的意愿成为朝阳区文化经济发展的重要组成部分。

奥林匹克森林公园

（二）打造复合多元的文化艺术场景体系

一是营造文明和谐的社区文化治理氛围。营造诚信友善、文明和谐的街巷邻里关系。构建社区文明城市积分体系，建立社区文明行为激励引导机制。二是依托文化、历史、商业资源，营造主题鲜明的特色街区，着力打造国际化的"朝阳场景"。三是增强全龄参与，打造文化治理活动品牌。注重弱势群体的文化需求，以文化的方式介入社会问题。

（三）培育朝阳区文化和旅游产业融合体系

首先，依托朝阳区特色文化资源，打造朝阳区特色文化旅游融合带，打造朝阳区夜经济文化消费旅游带。加快区内工业文化遗存资源转型升级，打造朝阳区文化产业园区旅游带。此外，加强在文化产业相关软件研发、数字文化内容设计制作、移动终端服务等多领域布局。

朝阳群众小河长项目站点

（四）构建朝阳区特色文化空间体系

首先，丰富拓展朝阳特色文艺演出。其次，加快文化产品创新，鼓励研发具有朝阳特色的主题文化产品，加快推进特色文商旅项目建设。打造代表朝阳区文化特色、生活特色的社区文化品牌；最后，推进"智慧商圈"建设，依托智慧商务平台，提升智慧商圈综合服务和管理水平。

（五）健全朝阳公共文化服务全域供给体系

提升全域供给，保障供需对接成效。完善文化服务设施布局，探索文旅融合发展的新路径新模式，培育新兴业态。打通朝阳区公共文化服务供给的"最后一公里"，着手建立公共文化服务目录和公共文化服务配送机制，依托公共文化服务数字平台，搭建供需有效对接平台。

牵头单位：朝阳区政协人口资源环境和建设委员会、社会法制与民族宗教
　　　　　委员会

课题组成员：李贺清　韩保卫　孙　巍　姜山赫　马玉威　暴宁宁　陈　欢
　　　　　　刘映花　杨　芳　周莉颖　李雪飞　张　聪　刘　卉　梁玉杰
　　　　　　龚　癸　王果毅　李晓梅　杜婧欣　郑晓玲　余芯宇　李　渊

用好统计数据
助力朝阳区文化产业
迈向新阶段

朝阳区政协农业和农村委员会

衡量文化产业的发展水平、分析文化产业的发展结构、制定文化产业发展政策、调整文化产业的发展导向都需要以客观、翔实的统计数据为支撑。因此，有必要建立起一套统计全面、核算准确、分析入里的文化产业统计工作体系，进而运用好数据结果，推动朝阳区文化产业迈向新阶段。目前，朝阳区统计数据质量在全国范围内处于领先地位，这主要得益于多年以来朝阳区雄厚的乡一级统计力量，即乡统计所有生力量充足，队伍人数众多，能够有效地开展北京统计联网直报系统、统计年报和定报填报等统计工作的培训，完成16个行业500余家重点单位的专项数据审查。

一、统计数据反映的朝阳区文化产业发展问题

文化产业的快速发展，需要更加全面的统计数据来复原产业全貌、分析产业问题，但政府统计的完善速度难以跟进新市场、新业态、新消费的快速增长。主要包括以下四方面问题。

第一，现行统计法规不能完全体现朝阳文化产业特点。 朝阳区文化与金融融合发展处于一线方阵，众多小微文化企业也在整体文化生态中扮演了不可或缺的作用，但在现有数据体系中，区内金融业对文化产业的支撑作用未能体现、文化产业园区

发展状况难以体现，不能够完全彰显朝阳区文化产业发展的两大底色。

第二，对于文化产业数据的整合运用还不充分。政府各职能部门在文化产业的治理和监管过程中仍面临着相关数据指标不相统一、整合程度不够的问题。数据统计口径的不一致和统计方法的理论局限等问题，都对于文化产业发展决策带来一定程度的影响。

第三，对准规模及中小微文化企业发展跟踪不足。2018年末全国共有文化及相关产业法人单位210.3万个，而规模以上文化企业仅6.0万家，约占全部文化及相关产业法人单位的3%，可见非规模以上企业是文化产业的绝对主体。然而，通过现有渠道观察中小微企业总体运行情况、成长情况、对GDP的贡献情况得出的结论存在一定滞后性，导致政府对企业的成长性跟踪不足，难以促成政企合力。

第四，缺少龙头企业带动区内文化企业营收增长。2019年，海淀区规模以上文化企业实现收入6241.9亿元，朝阳这一指标同期为2703亿元，仅为海淀区的43%。出现这一现象，关键在于缺少数字文化产业浪潮之下的龙头文化企业。

二、提升朝阳区文化产业发展的建议

第一，进一步完善文化产业数据统计体系。建议制定各部门文化产业相关数据的整合方案，加强对特色指标的数据梳理，全局性地分析各类数据所折射的文化产业特征、问题与趋势，充分了解本区文化产业特别是特色文化产业的发展状况，做到"有数可依，心中有数"。此外，可借鉴CBD地区的统计工作经验，以国家文化产业创新实验区为载体，探索形成特色文化产业数据体系，规律性发布朝阳文化产业发展情况。

第二，加强数字化支撑。以政务工作为抓手，追赶数字化发展浪潮，提升大数据在治理决策中的参与程度与支撑作用。一是激活名录库作为数据采集、分类、统计、核算和反馈平台的一站式作用，实现基本单位名录库的动态化管理。二是要加强对文化企业专项资金、扶持资金流向的统计调查和评估，引入专项数字平台，更好地设计财政预算分配方案，提升专项政策绩效。

第三，加大政策支持力度。探索重大项目投资和对外贸易在文化产业领域能够发挥的促进作用，丰富面向文化企业的政策工具箱，充分回应企业生命周期不同阶段所面对的不同问题，加大对成长性突出、社会影响力大的企业在用房用地方面的扶持，实现"长得出鲜花、留得住硕果"，匹配高成长型文化企业旺盛的扩张需求，积极拓展海外市场，做好文化贸易的平台和渠道建设。

第四，优化营商环境，增强招商引资力度。一是"筑好巢"。通过各项普惠性措施降低中小微企业的经营成本，做好文化企业全生命周期管理领域的公共服务，催化一批新"蜂鸟企业""瞪羚企业"诞生在朝阳。二是"引好凤"。前瞻性布局次世代数字文化产业，谋划推出全国首支文化类 REITs（不动产投资信托基金），打造文化企业总部集聚区，以政府投资带动老旧厂房改造文化产业园区等。通过市场主体和产业结构的调整，带动区内企业营收和财政收入水平的快速提升。

牵头单位：朝阳区政协农业和农村委员会

课题组成员：张小锋　韦小萍　苏一喆　宋立夫　霍　超　刘　军

　　　　　　沈　永　李鸿飞　张亚梅　骆梦柯

第二章

情系文化民生
助力幸福朝阳

类延旭：
文化建设添动力
疏解增绿上水平

【建言背景】

近年来，按照中央提出的五大发展理念，朝阳区产业发展放眼国家发展大局和全球经济竞争，紧紧围绕区域功能定位，积极推动经济结构调整，加快经济发展方式转变，目前已经形成了商务服务、金融、文化创意、高新技术四大支柱产业。为推动发展更有活力、更有质量、更有效益、更有后劲，在把握疏解功能提升发展、巩固优势特色发展的基础上，加快实现文化创新驱动发展步伐。在文化驱动发展方面，还需要进一步加强以下四个方面的基础性工作。

【精彩摘编】

一、凝聚文化队伍，壮大建设力量

朝阳区可以搭建文化发展统筹协调平台，加强顶层设计规划，整合政府、社会、民间各方智力、财力和资源优势，在规划编制、政策衔接、标准制定和实施等方面加强统筹、提升综合效益，加强文化主管部门与相关职能部门、街道乡镇之间的互动交流，整合各部门资源，鼓励和支持企业、公民、其他组织机构等社会力量参与文化建设，为他们提供好政策、资金、发展环境、公共服务等方面的支持，凝聚文化发展合力。

二、整合文化资源，统筹协调发展

朝阳区可以整合区域内各类优质文化资源，建立对外文化交流项目资源库，搭建集文化资源整合、文化精品创作、文化引进推介及文化演出信息发布于一体的综合性文化交流展示平台，对文化资源统筹指导，切实推动文化资源转化为文化生产力和良好的经济社会效益。还可以加强对外合作，引进高水平人才、技术、新型管理经验，协助本区高效开发文化资源。

三、建设文化设施，造福广大群众

疏解增绿上水平，需要大强度拆违、大力度疏解、大尺度建绿、大幅度提升。其中，疏解增绿是基础，上水平、提内涵是根本，在疏解增绿的基础上，关键是教育引导群众形成以促进人类与自然和谐发展为核心的绿色文化、环保意识、健康理念，打造绿色科技、绿色教育、绿色环境。支持文化馆（站）、博物馆、艺术馆、展览馆、

建国里文化墙

图书馆（室）、文化走廊、文化墙、大中小微型公园等公共文化设施建设，并通过一定的体制和机制利用好这些设施，同时加强因共同兴趣、生活方式、价值观、时间和空间等聚合形成的文化社群建设，培育积极向上的城市文化氛围，丰富广大群众的精神文化生活。

四、打造文化品牌，形成朝阳特色

发挥朝阳区位优势，大力发展以 CBD 定福庄国际传媒走廊为代表的优势产业集群，打造以凤凰国际传媒中心、华影盛世为代表的龙头总部企业，以华彬艺术品产权交易中心为代表的产权交易平台，以中国传媒大学为代表的产学研一体化的孵化基地，发挥文化产业高端化发展优势，制作反映朝阳文化、朝阳印象、朝阳元素的影视作品、文学作品等。推进"书香朝阳"全民阅读品牌活动，打造多载体、多形式、多模式的"城市书房"，举办"艺术朝阳"文化惠民系列活动。利用国际化优势，打造文化新焦点，举办或承办国际风情节、流行音乐周、国际旅游文化节等大型的时尚文化品牌活动。

【延伸阅读】

一方面，朝阳区历史文化资源丰富，拥有坝河流域（东坝古镇）、孙河古镇、朝阳门石道及区域内相关文物，拥有自己独特的历史文脉和民俗故事，拥有元大都城垣遗址公园、中华民族园、北京民俗博物馆、中国农业博物馆、中国铁道博物馆、北京服装学院民族服饰博物馆、潘家园古玩艺术品交易园等展现我国传统及特色文化精品的专业场所，还在朝外街道、南磨房乡、高碑店乡等 15 个街乡和社区设立了传统文化传承基地，有利于本区传统文化的挖掘。

另一方面，朝阳区现代文化资源也比较丰富，群众文化、民俗文化、时尚文化、奥运文化、国际文化多元交融，特别是文化产业的资源优势明显，文化创意产业已经成为朝阳区四大高端产业之一，具备良好的发展基础和增长潜力。还拥有国家奥林匹克中心、798 艺术区、三里屯时尚街、北京欢乐谷景区、中国科学技术馆等现代文化园区以及奥运村、亚运村等体育文化资源，在国内外都有较大的知名度。

李云燕：
朝阳区城乡
接合部文化建设的
对策建议

【建言背景】

城乡接合部地处城市与乡村连接地带，是城市化进程中城市边缘地区由乡村演变为城市的中间阶段，是个动态发展的概念。在这里各种社会要素交汇碰撞，相互作用，相互影响。随着北京城市化进程的加快，尽管朝阳区文化事业发展取得了前所未有的成就，朝阳区城乡接合部文化建设也随之取得了长足进展，但与北京中心城区相比还比较落后，城乡文化发展不平衡的问题还比较突出。

【精彩摘编】

一、严格落实城市总体规划，编制实施城乡接合部文化发展规划

城乡接合部地区的经济发展、产业布局、人口分布、市政设施必须符合全市的总体规划，应根据北京市的统一规划要求，将城乡接合部改造纳入整个城市规划体系，共同形成合理的区域空间布局，并严格贯彻落实，以确保城市总体规划在接合部地区得以具体执行实施。加强文化基础设施建设力度，延伸城市的公共文化服务功能，使城乡接合部的广大居民都能享受到现代城市文明和均等公共文化服务。

二、加强文化基础设施建设，创建特色文化品牌

各城乡接合部地区应找准自身优势，深入剖析区域发展面临的时空特征，认清优势与不足，利用资源禀赋的差异，制定切合自身的文化产业发展战略，加强文化基础设施建设，创建特色文化品牌。应不断健全和完善城乡接合部的文化基础设施。可借鉴推广堡头地区文化中心模式，按需建设文化设施，打造综合性功能性空间，设计"社区营造"计划，服务全体居民。充分挖掘城乡旅游文化内涵，推动文化主题特色旅游业发展。积极促进文化与健康、养老产业融合发展，推广科学的健身、养生、养老、保健服务，满足城乡居民多层次、多样化的健康服务需求。

三、建设环境优美的宜居社区，培养现代文明市民

朝阳区城乡接合部在未来发展过程中树立"共建宜居城区、共享美好生活"的发展理念，把生态环境建设放在突出的战略位置。提升绿化建设水平，全面推进水生态文明建设，持续改善空气质量。加快建设绿色生态景观，加强道路两侧绿化建设，拓展绿地空间，全面提升绿地品质和宜居环境。改造和提升郊野公园文化品质，充分发挥空间、环境优势，打造一批集体验、娱乐、休憩功能于一体的文化主题公园。推动民众形成绿色发展方式和绿色生活方式。

【建言解读】

朝阳区城乡接合部文化建设不仅是北京国家文化中心建设的主要组成部分，而且也是朝阳区国家文化创新实验区建设的核心内容之一。城乡接合部具有独特的文化特征和文化需求，建言针对地区实际，把握公众需求，顺应发展趋势，对创新发展模式，构建支撑体系具有重要的指导意义。

【延伸阅读】

朝阳区是北京市一个快速发展的新城区。按照《北京城市总体规划（2004—2020）》，朝阳区作为首都城市功能拓展区，被赋予了"国际交往的重要窗口、中国与世界经济联系的重要节点、对外服务业发达地区、现代体育文化中心和高新技

术产业基地"的功能定位。

目前，全区共有街道办事处 24 个，地区办事处（乡）19 个。朝阳城乡接合部分布在三环以外区域，主要包括以下 19 个地区办事处（乡）：南磨房、高碑店、将台、太阳宫、小红门、十八里店、平房、东风、来广营、常营、三间房、管庄、金盏、孙河、崔各庄、东坝、黑庄户、豆各庄、王四营等。

袁媛：
提升北京朝阳区居民图书阅读量的方法及对策

【建言背景】

阅读书籍是一种提升民族文化素养的良好方法和捷径，同时也是提升一个国家竞争力和创新力的有效方法。我国居民图书阅读量远远低于全球发达国家，为了改变这种现状，我国正在大力提倡每人多读一本书。朝阳区人口规模大，有一定的阅读基础，如何进一步提升图书阅读量，是本文的主要目的。

【精彩摘编】

一、建立长效机制，通过读书提升全民素质，优化社会风气

推进全民阅读立法，如《全民阅读纲要》《全民阅读绩效评估条例》《优秀图书出版资助政策》等，以及网络、电子书、旧书业等相关产业促进政策。完善组织协调机构等体制机制，出台相应的政策，鼓励营利机构和非营利机构合作。

组织开展地区阅读状况调查，适时发布阅读指数报告，通过政策激励促进读书活动的开展。建议建立读书委员会，由政府引导，企事业单位、相关部门和社会力量积极参与，投入资金开展项目运作；同时建立监督委员会，监督经费的使用和读

书效果的评估。充分调动企业、阅读推广人、书评人、志愿者、读书俱乐部、基金会和相关社会组织的积极性，是落实全民阅读战略的重要环节。

二、加强阅读的硬件建设，为广大市民营造一个良好的读书环境

建设一些综合性图书馆，降低阅览、借阅图书的门槛；可以增设社区图书馆，在三到五年内实现居委会图书馆全覆盖。增设流动图书馆、社区书吧，为广大居民提供便利的读书环境。公园是大家放松休闲的地方，在公园增设图书角或书吧，在美好的环境中读书更加增添了享受。朝阳区的高校图书馆可以开放一部分功能给社会，如按行业划分，一些专业图书，定期向社会公开借阅，在行业内分享，提升图书利用率。

以区图书馆为源头，大力发展社区图书馆，使图书阅读进入每一个家庭。根据朝阳区内不同区域的特点，分别采用不同的社区图书馆模式。第一种是公共图书馆的卫星馆模式，社区图书馆作为公共图书馆的有机组成部分，其产权和归属属于公共图书馆，馆藏资源均来自公共图书馆的馆藏资源，相当于袖珍的分馆，保证了社区馆资源的不断更新。第二种是政府和社区的联合模式，社区提供场所和人员，政府牵头公共图书馆提供一部分资源在社区开设社区图书馆。社区馆负责业务指导，并负责开展所属各流动服务店的借阅，企业可以换取本社区图书馆的冠名权和广告权。第三种是家庭图书室，充分运用市场机制举办的多位一体的社区图书馆模式，可以较好地解决家庭购书经费短缺的问题，同时也能解决开放时间有限和覆盖面狭窄的问题。

通过线上和线下两种途径，推进全民阅读。实现公共阅读服务的层次化、网络化、体系化，建立朝阳区文化共享工程。通过"点""面"结合，实现阅读全方位、全覆盖。坚持图书馆的公益性主体性质，消除公民利用公共阅读设施的各种门槛，保障公民的阅读权。通过网络、微信、手机、电子书等形式，多媒介读书，提升读书兴趣。

朝阳区图书馆

【建言解读】

　　建言是基于问卷调查和实地走访，具有很强的针对性。其中，完善组织协调机构等体制机制、建立读书委员会等建议措施具有很强的创新性，有助于形成全民阅读的长效机制。在阅读资源方面，强调加强阅读硬件设施的建设，促进书籍资源在社区的流动，对于构建社区和区域阅读网络奠定基础。

陈巴黎：
大力扶持实体书店健康发展
打造朝阳最美城市生活空间

【建言背景】

随着人们对精神文化生活的需求不断提升，实体书店在经历经营发展受困，门庭冷落的艰难期后，开始显现逐步回暖趋势。亚马逊网上书店经营 20 年来首次在西雅图开设线下实体书店，中国的当当网、中信出版集团相继宣布要在国内开设千家实体书店。书店舒适的环境，优雅的格调，恬静的氛围，吸引越来越多的市民走进书店，阅读、讲座、会客、交流，逐渐成为市民文化交流、信息传播、精神给养的发生地，成为城市最美生活空间。

【精彩摘编】

一、将实体书店建设纳入城市整体规划

实体书店是城市公共文化服务的重要内容，各级政府、街道组织应充分利用公产房、闲置或运营困难的公共文化设施，采取免费提供场所等方式，转由实体书店经营，方便社区居民购书，提升社区文化氛围。

二、将实体书店纳入公共文化服务，与图书馆相结合

制定实体书店与图书馆相结合的公共文化发展方向，支持实体书店与社区图书馆建立联合体，采取公办民助等方式，引入社会力量合作经营，探索分类精准服务新模式。

三、建立专项资金，对实体书店进行扶持

实体书店的发展需要政府的引导与支持。采取政府购买公共服务形式，按照阅读活动推广、公益活动、阅读空间等标准对书店进行分类补助，取得了良好的社会效果。

四、培育、扶持阅读推广组织和阅读推广人

充分调动社会各界的积极性、主动性和创造性，大力发展提供公益性阅读服务的民间阅读组织。对"优秀阅读推广组织""优秀阅读推广人"和"优秀阅读推广活动"进行评比表彰。架起作者、读者、出版者和书店、媒体之间的沟通桥梁，建立倡导全民阅读的大型综合性文化传播平台。

五、"新零售 +"让科技赋能实体书店更多发展空间

互联网技术赋能下，国内各地已经开始探索 24 小时书店、无人智能书店、共享书店等书店发展新模式。朝阳区独特的地理、经济优势必将为实体书店提供更鲜明的可塑优势，让书店成为朝阳最美城市生活空间。

【建言解读】

如何借助实体书店发展势头，在政府扶持发展的基础上，激发书店自我造血机制，形成自我良性发展的健康态势，使实体书店成为朝阳区文化文明建设、城市生活最美空间，是政府亟须解决的课题。建言从公共文化服务角度关照到城市实体书店的建设，为将实体书店打造成为城市文化生活空间，提升社区书香人文氛围具有重要的意义。

【延伸阅读】

经济发展活跃的朝阳区，实体书店发展也一枝独秀。一些知名书店先后落户朝阳区，三联韬奋书店在朝阳区政府的引进支持下在北京时尚地标三里屯开设新店。2018年，北京市选出十家最美书店，其中两家坐落于朝阳区。朝阳区实体书店发展势头方兴未艾，有关数据显示，朝阳区注册出版物经营场所900多家，注册实体书店230多家。但调研走访发现，与注册书店相比，真正进行运营的公办、民营实体书店不足三分之一。

桂帆：
让"文化＋创意＋环境＋创新"
成为朝阳人的生活方式

【建言背景】

文化是一个国家、一个民族的灵魂。就一座城市来说，文化在其发展中起着十分重要的作用。独具特色的文化，承载着一座城市的历史，体现着一座城市的审美，也凝聚着一座城市的精神。就区域发展来讲，它是一座城市不可分割的一部分。就朝阳区而言，要把文化建设纳入区域发展的战略中，激发全区文化创新创造的活力，要让"文化＋创意＋环境＋创新"成为朝阳人的生活方式。

【精彩摘编】

一、让每一个郊野公园都成为文化主题公园

每一座公园都应各具特色，尤其应赋予一定的文化内涵与主题，从而使得当地居民可以在这里可以找到老师、找到同好、找到乐趣，增强社区居民间因文化而凝聚在一起的力量，促进社会和谐。

小武基公园

二、在衣食住行中注入美学教育

成立以专家、企业和文化机构人员组成的公共区域视觉设计的专门评审机构，作为协助政府相关部门做出决策的重要补充。对街边的店铺做统一的管理与规划，包括色彩、形象设计、招牌上用的字体都要精心设计，它又不仅是一件艺术品，还具有烟火气，可以解决百姓的日常生活问题。

三、大力支持博物馆（民间）、文化园/馆、艺术馆/空间、小剧场的建设

朝阳区应将公共文化设施的建设做出明确的长短期规划和布局，做好顶层设计是关键，组建一个"朝阳文化核心区建设领导小组"，政府挂帅，专家引领，企业落实，必要时可以向专业的民营机构购买服务。将这项工作落到实处，并进行数字化管理，坚持3～5年的积累，逐步将朝阳区建成文化底蕴厚重、创新活力迸发的全国文化中心核心区。

四、人才引进和人才建设是关键

政府在人才引进上要高瞻远瞩，长远规划，想尽一切办法引进或留住文化名人，这一点应该向杭州学习，比如杭州向很多文化名人抛出橄榄枝，金庸、蔡志忠、高晓松、杨澜等，他们甚至可以带动一个文化产业的发展；在人才建设上要做好规划和资金支持，为人才提供施展才华的平台，从事业、待遇和感情三个方面入手留住人才、用好人才。

【建言解读】

一方面，建言提出的"让每一个郊野公园都成为文化主题公园"，以当地老百姓幸福指数为出发点设计文化主题公园，有利于引导群众对本土文化、朝阳文化和北京文化的热爱，逐步形成具备朝阳地区文化特色的以点带面的公园文化。

另一方面，北京有 157 家博物馆，落户在朝阳的屈指可数；高雅剧目的演出也鲜有在朝阳的剧场演出。因此，建言提出的"大力支持博物馆（民间）、文化园/馆、艺术馆/空间、小剧场的建设"，在政策上予以积极支持与引导，发挥民间智慧和力量，激发和保护好民间的文化情怀，必将对区域文化发展产生重大而积极的影响。

【延伸阅读】

2020 年 2 月 24 日，杭州市正式出台"人才生态 37 条"，就高峰人才引育、体制机制改革、全球人才招引、人才西进等方面，提出四大工程和七大计划，打造全面建设服务全省的人才高地、辐射全国的人才生态最优城市，最大限度激发人才活力共建杭州。

以"高精尖缺"为导向，培养引进高峰人才。杭州此次推出一系列具有首创性和符合地方发展特点的举措。针对拟定攻关的关键核心技术，杭州将探索"揭榜挂帅"，公布相关项目，吸引领军人才、科研团队前来"揭榜"破解。集中力量招引全球顶尖人才。针对数字经济、生命健康、文化艺术、金融产业等，杭州明确了相关领域领军人才培养数量。到 2022 年，要培育数字经济领军人才 100 名以上、创新创业人才团队 50 个以上、"数字工匠" 1 万名以上。

鼓励科技创新，探索体制机制改革。杭州从创新人才评价机制、鼓励科技创新、激发用人主体和人才创新活力、支持人才项目成果转化入手，为科研成果产业化寻找出路。西湖大学、阿里巴巴集团、中国科学院大学杭州高等研究院等单位，将试点人才自主分类认定。杭州企业的自主创新成果，在杭实施产业化并获国家、省科学技术奖的，给予一定奖励。

人才优先、精准施策，杭州敞开怀抱吸引各类人才来杭创新创业创造。除了硕士、博士，应届本科生到杭州工作也可以领生活补贴，对出站留杭（来杭）工作的博士后，给予每人40万元补助。注重城乡统筹、支持杭州西部人才发展，给予杭州西部地区人才倾斜支持，西部县（市、区）引进的高层次人才享受主城区同类人才居留落户、购房资格、子女入学等政策待遇。

王强：
整合文博机构资源
助力朝阳区基层
公共文化建设

【建言背景】

党的十九大报告指出：要完善公共文化服务体系，深入实施文化惠民工程，丰富群众性文化活动。近几年来，北京市基层公共文化服务体系建设步入发展"快车道"，特别是朝阳区2013年成功创建首批"国家公共文化服务体系示范区"。2018年年初，朝阳区政府出台《关于推进公共文化建设品牌创建工程的实施意见》，对朝阳区的公共文化建设做出进一步的部署。文化建设，特别是基层社区的公共文化建设工作是朝阳区的一项重要任务。

【精彩摘编】

一、拓宽基层公共文化建设的涵盖领域

建议把基层公共文化建设的内容从单纯的文艺娱乐扩展至科普、文化知识普及宣教、冬奥宣传等领域，扩大基层公共文化服务的内容和工作范围。

二、理顺机制，加强文化、教育领域相关部门、科室的联系和合作

建议朝阳区以基层公共文化品牌建设工作为抓手，确立以区文化委文化科或区教委社区教育科及社区学院为牵头单位的联系机制，让以文博机构为代表的文化宣教资源能够在基层公共文化建设中有效落地，形成有效供给。

三、将朝阳区域内各种文博机构的资源纳入朝阳区基层公共文化建设的总体规划中进行统筹考虑

在对基层公共文化服务内容领域进行空间布局规划时，要充分考虑该地域文博机构对所在地的辐射作用，与之进行合作。做到依托属地文化资源。提高资金利用效率，少花钱多办事。

四、在朝阳区基层公共文化品牌创建、评审工作中，要突出朝阳区特色

朝阳区是文化资源大区，通惠河的运河文化、CBD 的商务文化、奥林匹克园区的奥运文化、中国科技馆的科普文化都是朝阳区人无我有的文化资源。只有利用、突出自己的文化资源，打造成为文化品牌，朝阳区才能从文化资源大区变成文化强区。

五、将朝阳区域内各文博机构的宣教资源纳入朝阳区社区教育的师资序列

建议区文委、教委与各文博机构进行合作洽谈，引入文博机构的宣教资源和师资——特别是那些本身有进社区开展宣教任务的博物馆的课程和师资——列入朝阳区社区教育的师资序列。

【建言解读】

朝阳区已经构建了完整的基层公共文化服务体系，在机构、场地、资金、设备等领域均已经提供了完备的条件。在下一阶段，朝阳区的基层公共文化建设工作需要充分利用好这些物质条件，工作重心应从投资购置物质条件转向内容供应。建言关注到理顺机制、整合资源的问题，提出的整合朝阳区属地的文博机构文化资源，助力朝阳区基层公共文化建设是较为有效的途径。

李秋玲、李楷:
让"城市书屋"建设
助推朝阳文化融合发展

【建言背景】

当前,朝阳区的文化发展也进入"更加注重文化引领"的新阶段。解决人民日益增长的美好生活需要和不平衡不充分的发展之间的矛盾,主要是满足朝阳区居民对品质化阅读的需求。"朝阳城市书屋"建设在依托公共阅读"四网一体"的服务体系的基础上,还需要政府的进一步指导和培育,特别是在完善顶层设计、规范管理体系、社会组织有效参与及探索推进文化事业与文化产业深度互动、融合发展等方面有发力的空间。

【精彩摘编】

一、城市书屋建设要以激发社会活力,促进文化融合发展为导向

在城市书屋建设中,要注重把握文化发展的规律,充分调动文化企业、文化类社会组织参与公共文化建设的主动性和积极性,实现政府和社会的资源互补、共赢

发展，切实保障"朝阳城市书屋"建设运营的可持续性。项目要根据居民的现实需求，优化配置场地资源，引入专业化、品质化的阅读服务机构深度合作，创新性地将文化产业载体转化为公共文化服务的载体，实现文化融合发展。

二、城市书屋建设要完善顶层设计和构建管理范式，培育良性发展生态

一是完善顶层设计，进一步吸引更接地气的需求、更丰富的资源及更多专业力量、智库，支持"朝阳城市书屋"在内的朝阳区公共文化建设中。二是通过建立和完善"朝阳城市书屋"准入机制、标准化服务和考核评估细则，将日常管理、百姓满意度等纳入监管和服务体系，实现朝阳城市书屋的健康规范发展，在公益性的根本前提之下实现商业服务之间的平衡。

三、城市书屋建设要汇聚力量整合资源，激发社会组织的有效参与

要加强引导民间阅读组织，实现"组织化"，以达到"盘活基层设施服务存量、培育社会阅读服务增量"的目的。加强阅读推广人的发现与培养，形成"头雁效应"，构建基层阅读推广的生力军。同时，要引导和鼓励社会力量参与进来，把"城市书屋"建设与社区文化活动相结合，与学校的校园文化相衔接，与企业的文化建设进行互动。还可邀请社会知名人士、优秀企业和著名学者等有识之士共同参与，携手社会各方资源为推动城市书屋的健康可持续发展贡献智慧和力量。

【建言解读】

建言依托公共阅读"四网一体"的服务体系的基础，进一步探究在完善顶层设计、规范管理体系、社会组织有效参与及探索推进文化事业与文化产业深度互动、融合发展等方面的发力空间。

【延伸阅读】

目前"朝阳城市书屋"数量已达 8 家，分别是宸冰书坊馆、798 尤伦斯馆、良阅书房馆、东亿产业园馆、三里屯馆、东区儿童医院馆、读聚时光馆、梦工坊·城市

书屋。书屋总面积超过 4000 平方米、投入图书近 3 万册，全部配备数字化阅读设备，并接入北京市公共图书馆"一卡通"服务系统，实现免费借阅，通借通还。城市书屋建设正呈现出要"多元"也要"多源"；要"阅读"也要"悦读"；要"初心"也要"出新"新局面。

张进平：
激活朝阳区公共文化空间
开展领读人培养计划

【建言背景】

党的十八大以来，以习近平同志为核心的党中央高度重视全民阅读。党的十九大报告也指出，推动文化事业发展，完善公共文化服务体系，深入实施文化惠民工程，丰富群众性文化活动。朝阳区有着丰富的公共文化空间，包括图书馆、文化馆、文化园区、社区文体中心、书店等，硬件设施完备，空间资源丰富且优质，但在文化活动的"内核"、活动运营的模式方面，还存在一定的上升空间，文化空间运用效能也有待提高。

【精彩摘编】

（1）整合一批文化空间，提供领读驿站资源，为领读人开展读书会提供载体，也有助于提升各类空间的使用效率。系统整合朝阳区文化园区、众创空间、文化消费空间、街道社区的公共空间等空间资源，将其作为培养计划的"领读驿站"。

（2）招募领读人学员，开展进阶式培训，提供理论、方法、工具和系统。领读人培养计划的招募对象主要面向阅读爱好者、空间运营者、内容创业者等三类人群。

培养计划采取进阶式培训与读书会实战模拟相结合的方式，帮助参与者掌握读书社群的运营管理方法和技能。

（3）建立领读人晋级制度，为不同级别的领读人匹配不同程度的服务，持续为领读人提供动力支持。领读人学员培训后，根据其开展读书会的场次、参与人数、推广阅读量、转发量等维度，建立领读人、领读达人和领读社长三级进阶角色，并为不同等级的角色匹配不同资源和服务，引导提升领读人社群活动运营价值。

（4）搭建领读人分享与交流平台，让领读人彼此赋能，共同成长。项目通过定期组织"私董会"、工作坊等常态化的交流活动，不断营造领读人聚会的机会，在导师的带领下，大家共同分享读书会运营经验，交流解决问题的方法，在互相激发智慧的过程中实现共同进步。

（5）委托社会专业机构，为朝阳区打造"朝阳领读人100+"系列活动。活动目标是培训100个领读人、孵化100个读书会，建设100个领读驿站，通过领读人孵化特色读书会，通过读书会的内容植入，为区内的公共文化空间导入优质内容，实现人才、空间和内容的融合，最终通过"三个100"来推动朝阳公共阅读服务的不断深化。

【建言解读】

领读人培养计划的创新点体现在：一是在政府的引导下，培育领读人，建立文化社群，集结读书社群，达到同频共振的效果，服务社区文化建设；二是构建阅读运营体系，实现资源共享、运营众包、内容众创和价值提升；三是通过数据分析和价值评估，及时对参与者的意识形态和价值观念进行正向引领；四是政府实现从投资资产到导向监管的转变，充分发挥每个文化组织、文化个体的积极性，让具有文化属性的流量无限正向放大；五是通过读书社群运营，实现了文化空间与内容的充实，既满足了街道、社区、园区、企业等方面对文化活动的需求，又推广了全民阅读文化，提升了人们的精神文明素养，堪称一次公共文化领域供给侧改革的有效尝试。

马晓峰：
提升社区体育
公共服务供给能力

【建言背景】

随着全民健身运动的持续推进，朝阳区的体育设施不断完善，健身内容日趋丰富，管理水平大幅度提高。这要求我们继续提升服务供给能力，使得社区体育成为文化建设的重要组成部分。因此，现阶段应该不断提升政府的主导作用，加强与其他供给主体进行有效沟通，与其他供给主体协调发展，通过制定相关的政策方针，提高社区体育公共服务的供给效率，使得供给力度和社会效益不断增强。

【精彩摘编】

一、优化政府的主导作用

首先，要完善政府、市场组织及社会组织在社区体育公共服务供给中的分工。政府组织应当明确自身的主导作用，在市场和社会组织缺位时要主动补位，避免出现问题。其次，政府要重视为市场组织、社会组织以及社区居民提供良好的社区体育公共服务的法律保障和制度保障，为市场以及社会组织提供一个良好的供给环境。

二、整合社区体育场地设施资源

首先，要保证现有的体育场地设施资源充分利用，社区相关部门要经常检查体育场地及设施的损坏情况，对于损坏或者老旧的器材设施及时处理修复，要保证体育场地的合理利用，禁止发生体育场地被占现象；其次，要增加社区与社区之间、社区与附近单位之间、社区与附近学校之间的体育场地设施的资源共享；最后应加强体育场地设施的建设，集中人力、物力、财力筹建不同类型的体育场地、健身中心等，以此来满足社区居民对于社区体育场地设施的需求。

三、加大社区体育信息的宣传力度

首先，城市社区应当加强社区体育信息的宣传力度，社区相关部门可以聘请一些体育方面的专家学者为社区居民提供科学地进行体育锻炼、健康生活的讲座或培训，提高居民体育锻炼的效果；其次，随着信息时代的来临，可以通过新媒体等宣传方式替代以往的墙报宣传以及发放宣传单的形式。社区相关部门应当充分发挥网络信息的作用，利用网络平台来弥补体育信息宣传方式的不足，提高社区体育信息宣传的效率；最后，加强体育信息宣传内容的多样性，社区可以加强体育相关的政策方针以及运动技能知识的宣传，提高居民对于体育项目的理解以及参与体育锻炼或者活动的兴趣。

四、丰富社区体育活动的种类

首先，社区相关部门需要了解社区居民对于体育活动的需求，针对社区居民的喜好，选出一些具有代表性以及针对性的体育活动，在社区推广普及；其次，要了解社区的现状，因地制宜开展与社区场地设施相符的体育活动，在此基础上也可以根据城市的特色，开展具有社区特色的体育活动；最后，要开展适合不同年龄层次社区居民的体育活动，社区应该开展一些具有趣味性、竞争性的活动，调动不同年龄层次居民参与活动的积极性，满足不同层次居民的需求。

【建言解读】

体育作为一种休闲方式，是社区文化服务活动的重要组成部分，社区体育公共文化服务的配套完善也是衡量公共文化服务建设水平的重要指标。应以完善政策和标准为支撑，实现基本公共体育服务标准化。围绕基本公共体育服务体系建设，加快建立完善有关政策和标准要求政府发挥主导作用。

霍超：
通过艺术空间
丰富民间朝阳文化

【建言背景】

中共朝阳区委十二届六次全体（扩大）会议报告指出，朝阳区统筹全区文化资源和力量，加快推进文化中心建设，推动"文化＋治理"建设，区域文化底蕴不断增强。区政府修改及完善了《关于推进国家文化产业创新实验区建设的若干意见》，设立区文化创意产业发展引导基金，集成优质创新资源，深挖工业遗存富矿，发展多层次文化产品要素市场，新增文化创意产业企业9800多家，汇聚上市文创企业182家，实验区的资源聚集优势、产业比较优势、发展空间格局基本形成。实施百个基层文化品牌创建工程，多层次增加文化产品供给。

【精彩摘编】

一、将"艺术墙艺术树艺术桥艺术空间助力民间朝阳文化"纳入规划

大街小巷、居民社区、广场、学校、公园、桥梁、树林等空间，鼓励支持相关使用者提供上述免费空间给艺术家们，以雕塑、牌匾、碑刻、艺术画、艺术设计、

创意造型等多种形式展示中华传统文化、国际多元文化、科学文化、创新文化。

二、政府搭台，街乡提供可供展示的地点

区政府提供工作平台，由街乡居委会、村委会、社区、街道办等收集，标记地点，上传可展示艺术的墙、树、桥、空间和相邻环境的图片及当地的介绍，标识对艺术展示作品的要求。

三、政府为文化史料提供查询渠道

区政府在调查和研究的基础上，对朝阳区大街小巷、社区、桥梁、公园、树木名称的来历及演变、区内名人故居、著名寺庙、古迹名胜以及历代可资记述的逸闻轶事、近现代的文化交流等加以汇集整理，上传到政府的网络平台上，艺术创作者经实地考察，结合当地环境、地形地貌、风土人情、文化特点，进行创作，严禁创作违反善良风俗、公序良俗、法律法规、与当地环境、风俗习惯不相适宜的作品。

四、市政市容管委会、城管、文委、司法等部门和机构提供相应支持

免费艺术创作空间的欣赏者、附近居民有权向政府平台或政府热线举报有违善良风俗、公序良俗、法律法规、与环境不协调、不相适的作品。政府收到相关举报后，一经查实，可责令创作者在一定期限内修改或恢复原状，严重者处以罚款，取消其使用免费空间的资格，若触犯刑法，则提起公诉，依法惩治。

五、对于建筑围墙的艺术改造

在条件允许的情况下，幼儿园和学校的围墙、一些临街的小屋和围墙及支护挡墙，建筑工地的临时围挡，可以尝试让学校、个人、租户、施工方上传地址、反映空间状态的照相和设计需求，允许艺术家们免费将简陋的空间、墙面设计改造成艺术空间。

六、吸引和鼓励国内外艺术家共同参与创作

免费空间引入艺术作品，不应局限于国内的艺术家、文化人、设计者，可鼓励

各国艺术家、文化人、设计者前来展示创造，打造朝阳区国际多元文化发展氛围。

【建言解读】

通过实施艺术墙、艺术树、艺术桥等各类艺术空间，丰富朝阳民间文化。艺术创作应保留着原汁原味的街市井风情、独一无二的历史遗韵或现代艺术经典；或可掺杂着丝丝缕缕的市井"烟火气"，与当地环境、文化风貌相融；体现城市时尚特色，让过往的人们、当地的居民感觉舒适。

秦蕾：
用"文化+"助推
朝阳区博物馆发展

【建言背景】

随着社会的发展及科技的进步，城市中的博物馆越来越受到人们的喜爱。与以收藏、保护、研究和展示为主要目的博物馆功能不同，现在的博物馆越来越被认为是丰富文化供给、提升文化消费水平的重要手段。近几年来，国家出台了多项鼓励博物馆发展的政策，不断给博物馆松绑，加快推动博物馆的升级发展。朝阳区的博物馆类型丰富，而且精致、小众已经成为朝阳区博物馆的特色之一，如何使朝阳区博物馆的形态更加多样化、进一步提升这些博物馆的文化服务与教育功能、让博物馆更加融入人们的生活，成为应该深入思考的课题。

【精彩摘编】

一、在朝阳区举办文化创意设计大赛

设计大赛可以集思广益，发散思维，深刻挖掘藏品所蕴含的文化价值，将传统元素与新潮思维巧妙地与现代生活、审美、需求连接起来，融于文创产品之中。虽

然朝阳区的区博物馆和文化馆馆藏不如国家博物馆丰富，但也包含着巨大的文化价值，值得发掘。越是地方的博物馆，其文化内容越贴近本地百姓。

二、"打开大门"谋合作，创新博物馆文创产品发展思路

需要打通产业链的各个环节，主动营销，让创意进入市场，让企业找到商机，让艺术走进生活。可以联合大学、文化传承人、创业者资源等举办"文创市集"，吸引一些社会企业、有意向者参观、体验、洽谈。也可以联合社会力量，在5·18国际博物馆日、文化遗产日、国庆等重要节日举办文创市集活动。

三、加强对朝阳区博物馆经营人才的培养和扶持

文化产业的竞争最终是文化人才的竞争，培养和扶持文创管理人才和技术开发设计人才，有效激发人才的积极性。一是创造条件，营造氛围吸引聚拢人才。二是不拘一格，完善机制，培养用好人才。应该加大资金投入，建立文化创意专门人才数据库，完善产、学、研一体化人才培养机制。

【建言解读】

随着社会的发展，中国博物馆也正在经历着"以物为本"向"以人为本"的观念的转变，其公共文化服务的属性不断强化。文化创意赛事是一个能够汇聚社会智力，将中国的传统文化精髓体现到文化创意产品中的一个很好的途径，文化产品是"把博物馆带回家"的重要载体，文创市集则是展示和宣传文创产品的重要窗口。建言给博物馆挖掘文化富矿实现多元化发展提供了切实可行的推进方向。建立博物馆与人们生活的关联，是博物馆成为提升人们文化生活水平、推动城市发展的动力。

【延伸阅读】

北京电视台的一档叫作《上新了故宫》的季播节目，让古老的故宫变得时尚起来，成为顶级流量的"网红"，不仅更为亲民，还带活了故宫的文创产品。故宫从2010年在淘宝上开店，直至2019年"故宫文具"的建立，从售卖周边发展成为文创界顶流，故宫的触网之路是中国博物馆文创演进史中最具代表性的缩影，故宫模式也成为其

他博物馆纷纷效仿的文创模式。

利用高科技手段打造的数字故宫博物院可以在线下引导人们在网上"实景"进入一个又一个故宫的场景，为公众提供了独一无二的体验。通过"文化＋科技"的深度融合，故宫旨在将传统文化转化为公众喜闻乐见的内容的努力，既实践了文化亲民，更有利于公众了解故宫、热爱故宫，从而增强民族文化自信心与自豪感。故宫的"爆红"一时成为众多博物馆关注的话题。

牛宇闳：
突出文化引领
深化公共文化
服务体系建设

【建言背景】

近年来，朝阳区始终把文化建设摆在突出重要位置，突出文化引领，打造文化强区，成功创建国家公共文化服务体系示范区和全国首个国家文化产业创新实验区，并以"文化双区"建设为突破，以和谐宜居为目标，全力推进全国文化中心建设。

【精彩摘编】

一、在公众触达上还未实现均等性，需要统一标识，加强宣传，进一步提高影响力

要对各类公共文化设施和活动进行统一标识、整体宣传，让群众全面地了解公共文化服务，更好地选择性参与。一是统一标识既要在各类公共文化空间或提供公共文化服务的场所悬挂统一标识，也要在各类活动中悬挂统一标识。二是加强宣传要采取多种形式有效地传递到百姓家门口。三是加强各类媒体宣传，特别是网络媒体，最大化文化惠民工程的受众面。

二、公共文化服务创新不足，需要融合发展，不断提高供给能力和水平

不断创新公共文化服务，特别是充分发挥"文化+"的优势，如文化与旅游的结合、文化和科技的结合等。数字技术能够让文化更加鲜活，更有感染力，更富传播力，持续增加人民群众的文化获得感。

三、公共文化服务的内生动力不足，依法鼓励和支持社会力量广泛参与，促进文化事业与产业共生发展

要在坚持政府主导、社会参与的原则下，积极鼓励和支持更多的社会力量以多元方式参与公共文化服务体系建设。建议尽快制定和出台朝阳区促进社会力量参与公共文化服务体系建设的管理办法。创新体制机制，充分调动和发挥社会力量的积极作用，融合各类公共文化服务资源，全面提高服务效能。引导社会力量参与各类公共文化设施的建设、提升和运行；鼓励各类文化服务机构拿出部分空间向公众免费或优惠开放，参与提供高品质的公共文化服务，丰富公共文化产品供给。

【建言解读】

创新和内生动力不足的问题，从宣传角度提出统一活动宣传标识，促进文旅、文化、科技相关产业结合，以及文化事业和文化产业相互融合，有利于进一步促进公共文化服务建设的深化。

【延伸阅读】

国家公共文化服务体系示范区（项目）创建工作，是文化和旅游部（原文化部）、财政部在"十二五"期间共同开展的一项重大文化惠民项目，旨在推动各地研究和解决公共文化服务体系建设面临的突出矛盾和问题，探索建立公共文化服务体系可持续发展的长效保障机制，为同类地区提供借鉴和示范，为国家制定相关政策提供科学依据和实践经验。创建工作自 2011 年开始，每两年一个周期，计划开展三批示范区创建。2011 年 6 月，朝阳区代表北京市取得全国首批公共文化服务体系示范区的创建资格。

范周：
朝阳区文化
高质量发展的
四大着力点

【建言背景】

北京市第十二次党代会工作报告中也提出，"未来北京全国文化中心地位要更加彰显，以坚定的文化自信和文化自觉，推进全国文化中心建设。"党代会上提出的一系列发展方针、目标和区委区政府提出来的"十三五"期间的发展目标，都为我们谋划朝阳区的文化建设指明了方向。朝阳区的文化发展，既有公共文化服务体系建设，也有文化产业的创新发展，这两个方面目前都在全国起到了示范引领作用。

【精彩摘编】

一、加强理论研究，强化顶层设计

朝阳区的文创发展和公共文化建设在过去的历史进程中得益于区委区政府的大力支持和科学规划，也离不开许多驻区单位的积极参与，才能成为北京市甚至是全国的文化创意产业的领跑者。

二、对接国家战略，找好发力点

2017 年 4 月 1 日，中共中央、国务院决定设立河北雄安新区。雄安新区的设立这一"千年大计、国家大事"将与北京城市副中心形成北京发展新的两翼。在这样的大背景下，朝阳区的各项事业如何实现与京津冀协同发展，如何在此过程中与疏解非首都功能的新行政中心及雄安新区做好对接，这是我们要研究的课题。在此过程当中找好对接点、找好发力点，对我们谋划全区的文化建设、文化发展而言举足轻重。

三、把脉时代动向，推动转型升级

公共文化服务中的传统表现形式如何如何跟上时代的步伐，与共享经济及体验经济相适应，在公共文化服务中运用好现代传媒手段、网络管理手段，这是摆在我们面前需要破解的课题，也是在文化产业和公共文化的融合发展中做到"你中有我，我中有你"的新形态、新模式和新要求。

四、全面协调可持续，提高文化发展水平

文化的可持续发展，必须做到真正的均等化，尽可能实现全区上下的协调发展。

【建言解读】

过去十年来朝阳区在公共文化体系和文化产业两方面的发展取得了喜人的成绩，但是在新的历史条件下如何再上新台阶，如何实现朝阳区"十三五"规划中提出的"提升公共文化服务力、提升区域文明程度、促进文化国际交流"的目标，如何与市委党代会所提出的发展目标，特别是总书记提出北京作为全国文化中心的目标相一致，还应该做好功课、做好谋划、做好发展。

【延伸阅读】

2016 年 12 月 25 日，《公共文化服务保障法》获得表决通过，明确提出"省、自治区、直辖市人民政府根据国家基本公共文化服务指导标准，结合当地实际需求、

财政能力和文化特色，制定并调整本行政区域的基本公共文化服务实施标准。"目前，朝阳区四十多个街乡文化建设发展仍处于不平衡状态，有的已经进入国际化行业，有的成为北京市第一方阵，但也有的基础落后、设施落后、管理机制落后。如何在此过程中找到差异、补足短板，是我们推动文化建设转型升级、对接京津冀战略的又一重要方面。朝阳区的发展，要立足于北京作为全国文化中心的重要定位，服务于北京新"一体两翼"的发展布局，把握时代脉搏、紧抓发展机遇、做好融合发展，发挥优势引领作用，让朝阳区真正成为全国文化建设的风向标。

王小龙：
联合社区养老照料中心
加强社区公共文化功能

【建言背景】

随着人口老龄化的不断加剧，"为老服务"成为老百姓越来越关注的话题。北京市朝阳区在劲松街道等9个街乡试点建立"区域养老联合体"，以行政辖区为单位，将养老照料中心、养老服务驿站、医疗服务机构、各类商户、公共服务商等碎片化的养老服务资源进行整合，形成立足社区、辐射居家的养老服务合力。

【精彩摘编】

一、机制保障

建议开放社区养老照料中心，设专人专岗，通过制度化设计，把社区的养老照料中心打造成公共文化基地，鼓励居民积极参与社区公共文化建设，开展各种文化活动，实现自我服务、自我发展，探索为社区百姓和老人养老服务同步发展，打造共建、共享、共制的社区治理模式。

朝阳欢乐谷社区养老驿站

二、组织保障

建议一方面在社区养老照料中心设立专人负责，专业培训，专门负责社区公共文化活动；另一方面搭好平台，现在的社区居民百姓文化素养很高，他们中间的很多人都热爱公益事业、乐意从事志愿服务，他们既是文化服务的对象，也是文化服务的提供者。充分发挥他们的主观能动性，为社区公共文化建设奉献力量。

三、资金保障

建议区政府安排专项预算，给予照料中心必要的支持。过程监督，结果考核。通过专业评审，奖优罚劣，对做得好的给予鼓励，把社区公共文化建设作为常态化工作推进。

【建言解读】

　　将社区养老照料中心打造成公共文化服务基地的建言，体现了公共文化服务建设普惠性的要求；关注老年群体的文化消费需求，体现了以人为本的宗旨。联合公益机构搭建好养老照料中心社区公共服务，应该作为社区公共文化建设的常态化工作推进。

　　社区百姓也有对精神文化的需要，需求更多的正向的、丰富的社区文化活动。精神文化生活是每个人的需求，如果不能正向的引导，提供必要的支持，必然会产生很多问题。如广场舞扰民现象。如果有资金、场地和组织保障，社区文化活动一定会更丰富，更规范，更有效果。可通过组织讲座等对社区百姓和老人进行知识更新和技能培训，开展涉及法律、科学养生、医疗保健、人际沟通、家庭教育等专题讲座和咨询指导等各类知识，组织才艺表演，组织社区趣味运动会等。

　　社区百姓和养老院老人互动，能够丰富养老院老年人的精神文化生活，带动养老院的发展。社区养老照料中心通过搭建桥梁，能为社区百姓和社区养老院的老人提供交流、学习、文体活动的平台，丰富了他们的文化生活，充实了他们的精神空间，也促进了养老院的发展。同时，照料中心也为社区百姓提供医疗保健、居家照料、精神慰藉等多项实实在在的服务，满足他们生活的刚性的需求。

　　打造社会公益服务基地，既是社区公共文化的重要组成部分，也是当前百姓强烈的需求。从学生到白领，从企业到政府机关，越来越多的爱心人士都愿意加入公益服务。社区养老照料中心可以提供空间，发挥志愿者的才干，鼓励他们为社区公共文化事业做贡献。

曲冰：
借助市场力量
将朝阳打造成为北京
"文化高地"

【建言背景】

2020年，北京市委关于制定"十四五"规划和2035年远景目标的建议中，明确提出要加强"全国文化中心"等"四个中心"功能建设，强调要"持续做好首都文化这篇大文章，建设人文北京"。作为国家首都和全国文化中心城市，强化北京市各行政区"文化"标签，不仅顺应时代发展潮流、产业发展趋势，也是提升文化产业高质量发展的必然性选择。

【精彩摘编】

一、抓渠道：利用互联网文化电商平台，采取消费券的方式补贴图书等文化产品，促进文化消费

2021年上半年，突如其来的疫情改变了全球经济秩序和世界格局的同时，为互联网电商平台的快速发展提供了机遇。大数据显示，疫情期间很多人重新回归阅读，伴随疫情防控常态化，阅读推广也迎来重要窗口期。建议区政府联合朝阳企业字节

跳动抖音、当当等文化电商平台，设计各类符合市民文化需求的文化消费券，比如，"养生""教育""职场""文学"等主题，实现消费者的广泛覆盖，拉动广大市民的文化消费。

二、抓节点：重要文化消费节点重点策划，联合市场力量，玩出新鲜感

针对北京阅读季等重要的文化消费节点进行重点策划。在落地文化活动 IP 过程中，政府可以充分发动、联合市场的力量"做大做强"。北京聚集着字节跳动、当当等众多垂直领先的互联网企业。通过联合市场力量，让领先的互联网技术、大数据等赋能文化 IP，全面提升文化活动的体验感、趣味性。同时，朝阳区可以整合更多已有的文化资源，打造更加丰富的文化活动 IP，持续掀起文化高潮，让文化真正走进市民的生活。

三、抓人群：以年轻人喜欢的方式与年轻人进行沟通，将文化自信植于民族的未来

树立文化自信、建立文化强国是长期过程，需要从年轻人抓起。在推广文化过程中，可以联合年轻人喜欢的明星大咖，创立"潮人读书季""潮人文化节"等新潮的、跨界的文化活动，并在年轻人聚焦的抖音、B 站等社交平台上进行传播互动。通过一系列年青一代喜闻乐见的形式，积极传播弘扬中国传统文化。

【建言解读】

地处首都功能区和副中心的连接点，以及经济发展的重地，朝阳区有着得天独厚的优势条件成为北京市乃至中国的文化高地，因此，打造朝阳的特色文化产业发展，势在必行。建言提到的渠道、节点、人群三大重要抓手点，对于促进文化消费的提质升级提供方向。打造人文北京，朝阳是重要的根据地，"政府搭台、企业唱戏、全民参与"的模式，对促进朝阳区文化产业的繁荣发展意义重大。

朝阳区在文化艺术领域已经有所布局，并已经逐步深入人心。798艺术区、751D·PARK北京时尚设计广场、红砖美术馆、今日美术馆等已经成为北京市城市文化新地标。此外，朝阳区还拥有莱锦文化创意产业园、东亿国际传媒产业园等大量文化产业园区。

同时，朝阳区在公共文化事业发展方面也取得了诸多成绩。数据显示，截至2018年年末，朝阳区共有公共图书馆3个，社区图书馆46个，图书馆馆藏图书达387.3万册。全区共有博物馆36个，电影院60个，街乡级文化服务中心43个，社区（村）文化活动室覆盖率98%。

第三章

融合文化科技
加速智慧朝阳

管文东：
加强朝阳区文化智库体系建设
引领全国文化产业创新发展

【建言背景】

近年来，朝阳区以知识共享为理念，以智慧共创为动力，打造文创实验区"1+N"高端智库体系，布局智库生态，打造全国文化发展智库中心。但仍存在以下问题：体制内智库定位模糊，决策研究能力弱化；主管部门条块分割，智库之间相互隔离，各部门各自为政，互不沟通，容易造成研究内容同质化，难以形成合力等问题。

【精彩摘编】

一、紧密围绕全国文化中心建设的需要，搭建科学的文化智库体系架构

建议由区委区政府指定相应主管部门负责，结合朝阳区高端智库建设工作，协调各方利益，做好文化智库体系的设计和搭建，把相关领域的智库有机地结合起来，分出层次，根据各自的优势取长补短，形成一个高与低、宏观与微观、全局与局部、理论与实证相互配套的科学的智库网络，同时也建立一个下传上达、互联通畅高效的沟通渠道，促进决策更为便捷、高效、灵活、准确。

二、创新管理体制，促进学术研究成果的转化

文化智库体系应该坚持理论创新与成果创新并重的原则，改变现在单一的管理模式，适当参考国外智库机制，创新管理体制，形成一套行之有效的规章制度，立足实际、面向需求、服务决策，促进学术研究更接地气，更好地服务全国文化中心建设，为研究人员松绑，鼓励多出成果、出好成果，同时促进学术研究成果的转化，更好发挥其现实作用，创造社会价值。

三、打破行政界限，鼓励智库之间的成果交流

建议在进行朝阳区文化智库体系建设的时候，打破行政界限，以开放包容的心态吸纳政府机构、文化艺术界专业人士、国家级研究机构和部属高校研究的充分参与，让他们为全国文化中心建设出谋划策，引领朝阳区智库资源参与北京市和国家项目，提升其科研实力和水平。同时，还应打破地域壁垒，打破机构壁垒，鼓励智库之间的成果交流和数据交流。

四、注重智库的信息化建设，搭建文化智库体系成果展示平台

建议由主管部门牵头搭建统一的智库成果展示平台，除了传统的线下手段，重点加强智库的信息化建设。要顺应技术潮流，建立完备的数据库，为政府、企业及其他机构决策提供现代化的技术支持和手段。此外，还要重视智库核心成果的发布，加强智库成果的推销和转化。

五、建立人才储备机制，促进智库人才队伍稳定发展

建议建立相应机制，吸引一批高素质、有思想、有见识、有经验、有能力的专家、学者和艺术家积极加入智库，为他们的研究活动创造更好条件和机会，既能充分发挥其聪明才智，同时也能促进朝阳区文化智库人才队伍稳定与梯队建设。

【建言解读】

经过多年的努力，朝阳区形成了文化资源丰厚、氛围浓郁、特色鲜明、人才聚集、

文创产业集聚发展的良好态势。面对日益复杂的社会变化和错综复杂的发展环境，朝阳区要想巩固现有良好态势，继续引领全国文化产业创新发展，助力北京建设全国文化中心，那就需要依靠前瞻性的研究和对策，需要战略的眼光和科学的决策，需要有一个智囊体系为政府出谋划策，这个体系就是文化智库体系。

解卫：
坚持创新引领
推动文化与科技
深度融合

【建言背景】

当前，全球新一轮科技革命和产业变革蓄势待发，国际贸易形势发生重大变化，我国正处于发展动力转换的关键时期，文化科技发展正面临重大战略机遇，推动文化产业高质量发展成为其中要义。党的十七届六中全会对推进文化科技创新做出战略部署，提出了"发挥文化和科技相互促进的作用，深入实施科技带动战略，增强自主创新能力"的重大决策。党的十八大报告进一步强调了"促进文化和科技融合，发展新型文化业态，提高文化产业规模化、集约化、专业化水平"，这些都为我国文化和科技的发展指明了方向。

【精彩摘编】

一、完善体制机制

朝阳区应适应文化科技融合发展新形势新要求，加强组织形式的协调，推动建立跨界协作的决策机制，积极探索跨部门文化科技合作新机制。建立健全文化与科技融合发展的管理机制，强化政府的顶层设计、监督管理等宏观调控职能。建立文化、科技、财政、金融等多部门共同参与的多元化的协同管理机制，并成立文化科技融合领导小组，负责文化科技融合发展的总体指导和组织协调。

二、创新发展路径

提高科技嵌入文化的水平，聚焦广播电视电影服务、广告和会展服务、软件和信息技术服务等重点行业文化企业，支持企业加大研发投入，鼓励高新技术企业布局和建设高水平企业研发中心，推进文化科技融合领域科技创新成果落地转化，提升创新能力。推动技术升级与更新换代，向智能化、网络化、数字化、绿色化的方向发展。形成以龙头骨干企业为支点、大中小型企业紧密配合、专业分工与协作完善、具有国际竞争力的产业集群。

望京写字楼间建成优雅中央公园

三、夯实人才支撑

人才是文化科技融合的关键的要素，重点在于培养创新型人才和高端人才。高等院校是培养高端人才和创新人才的主阵地。在高技能人才培育方面朝阳区应以企业为主体、以高等院校为基础，实现政府推动与社会支持相互结合。鼓励高层次人才兼职、技术承包、技术合作、技术入股、兴办企业等，坚持精神与物质奖励相结合，进一步加大对文化科技做出突出贡献高端人才的表彰与奖励力度。

【建言解读】

朝阳区作为全国文化中心建设核心区、首都文化发展大区和文化资源聚集区，不断加快传统文化产业的转型升级步伐，推动新兴业态快速发展，形成了文化与科技融合发展的特色和路径。朝阳区应进一步推进文化和科技融合，提升文化科技产业发展质量和发展层级，通过完善体制机制、创新发展路径、加大人才培育等途径，推动产业新需求的挖掘、新成果的研发、新模式的催生，为全区发展注入新动能。争取成为首都全国文化中心建设的核心区，为北京建设国际一流的和谐宜居之都做出新贡献。

【延伸阅读】

近年来，朝阳区高度重视文化科技融合发展，文化产业发展形势好、速度快，融合业态不断涌现，高科技文化企业活力迸发，产业集聚效应明显，区域创新能力显著增强，文化与科技走向深度融合。截至 2019 年 9 月，朝阳区登记注册文化企业达到 6.8 万家，其中规模以上文化企业 1962 家，占全市的 38%，注册企业数、规模以上企业数均居全市首位。规模以上文创企业资产、收入、利润均呈现上涨态势，文化创意产业已经成为朝阳区重要的支柱产业。科技的引领带动作用促使文化创意产业的产业结构、内生动力持续优化提升。涌现了游戏、互联网广告、网络影视剧、数字阅读等新业态、新模式、新产品，文化与科技融合所形成的发展新动能成为朝阳区发展的新引擎，强化了文化产业发展能级。

陈红卫：
确立朝阳区智慧公园
特色文化体系及创新管理模式

【建言背景】

党的十九大以来，文化强区建设已成为全体朝阳人走进新时代的强劲动力和不二共识。作为全国文化建设的首善之区，贯彻并体现大国公民情智与国家主权文化建设的融合统一，是新时期文化强区工作的重要目标。

【精彩摘编】

（1）针对朝阳区望京、东湖、酒仙桥等社区地域的基本资源条件，先行确立特色公园文化类型，着力打造具有鲜明人文特色和国际都市先进文化传播方式、把中国文化元素和全球多主题文化融入都市智慧公园，把不同地域特色文化资源和市民生活需求相融汇，从而有效地推动智慧公园运营方式的创新。

（2）去僵化体制，以推动城市创新发展为核心，组织论证文化示范特区发展体规划机制，制定绿色城市建筑规划概念，在不损失公园保有绿地面积和确保城市安全生活的前提下，全面提升全国文化示范特区的机制创新和引领示范水平。

（3）组织强有力的跨界专家班子，针对朝阳公园的不同区位条件，组织论证和撰写朝阳区公园特色文化规划纲要和可实施方案。建议由区属文化委、教育、水务、园林等管理部门联合成立政府职能中心。

（4）朝阳的智慧公园可以成立"朝阳区智慧公园文化投资管理公司"初期发展模式，充分调动和发挥民间资本、尊重专业机构的学术权威性，以国家既定的文化战略方向为主导，以城市公民的实际文化需求和国家主权文化建设战略为依托，全面拓展和着力打造城市公民精神家园的核心文化体系。

（5）围绕都市特色公园发展、构建文化生活与科技创新相融合的示范园，切实做到既有中西方文化的静态、动态发展模式，也有中国特色人文艺术与国际科技融合品质，巧妙的嵌入公园主题艺术节模式，缔结中外人文科技友好城市、打造国际人文公园，大力开展文化外交，全面拉动人类共同命运文化主题的国际人文交流与力量支撑。

（6）建立朝阳国际人文发展智库，每年进行一次文化资源盘点工作，把朝阳区与智慧公园相关的精品优质文化科技企业和各类艺术文化、健康生活、媒体影视等业界精英做细致的统计，成立"朝阳区国际文艺精英联盟"和专项公益基金平台，每年评选对朝阳人文建设做出突出贡献的中外企业、个人给予表彰和扶持奖励等。

【建言解读】

建言积极寻求和保障现代公园文化发展战略的顺利实施的路径，深入思考了如何激活体制创新引擎的问题，同时呼吁调整区域（示范区）文化发展战略规划，特别是在首善之区主权文化建设与城市公园文化功能的融合问题。探寻兼集抵制文化霸权、维护文化主权、保护国家文化安全、培育公民高贵文化意识与良好生活方式、拓展文化正能量传播空间等新路径。就确立朝阳智慧公园特色文化体系和创新运营模式等若干问题做出了深刻思考。

改革开放 40 多年的今天，城市及公园文化体系建设已经成为提升城市综合品质和国家文化战略不可或缺的重要支撑。据统计，截至 2021 年，朝阳区域内共有注册公园 44 个，其中精品公园 13 个，市级重点公园 4 个，国家 3A 级以上景区 14 处，总注册面积约为 26.5 平方千米，占全市注册公园总面积的 23%。

谷慧敏：
建设朝阳区
文旅大数据平台

【建言背景】

文旅大数据产业链长，涉及数据提供方、分析方、使用方等。建设朝阳区文旅产业大数据平台将极大解决大数据与文旅行业需求脱节和难以落地的问题，"大数据＋文旅"的智慧服务输出将有助于提升朝阳区文旅产业整体服务品质和产品水平，促进朝阳区"建设国际一流商务中心区，提升区域国际化水平"和"推进精细化管理，提升城市治理水平"。

【精彩摘编】

一、通过"政府支持＋高校引领＋企业实践主导"机制来构建大数据平台，实现朝阳区智慧文旅产业新格局

文旅大数据产业发展更适合采用平台合作模式，可以成立由政府牵头，企业、大学、科研院所共同投入资源建立平台，以平台为主体，汇聚各方优势和资源进行市场监测、科学研究及产业孵化。使朝阳区成为国内文化和旅游大数据产业集聚的

中心，拉动整个文化旅游大数据产业发展。

二、以大数据为手段提升城市区域文旅产业政府治理的现代化水平

一是建立基于公众口碑的文旅目的地市场质量评价体系。重点在于建设朝阳区海外社交媒体大数据舆情监测体系，实现对安全、质量和流量预测的管理。二是建立基于大数据的市场风险预警体系。通过文旅大数据平台建设，及时反映市场动态，对消费人群的人流量及消费结构特征、企业经营管理及投融资等风险进行实时监控和分析，为行业提供决策数据，并提升政府治理的效率和水平。

三、以朝阳区为中心构建面向全国的文旅大数据人才培养基地

朝阳区拥有中国传媒大学、北京第二外国语学院等高等院校，其专业优势在全国文化和旅游产业中处于领先水平，具有人才培养的得天独厚的优势。通过朝阳区文旅大数据平台的建设，为朝阳区政府及众多文旅企业培养具有大数据思维和实际动手能力的人才，实现高质量可持续发展。

【建言解读】

党的十九大报告中明确指出，我国的主要矛盾已经转变为"人民日益增长的美好生活需要和不平衡不充分的发展之间的矛盾"。文化和旅游业作为满足人民日益增长的美好生活需要的重要抓手，文化和旅游消费在整个消费中占比快速提升，旅游已成为现代社会的福利之一。我国高度重视文旅产业融合发展，成为"十三五"期间国家战略性支柱型产业。与此同时，以科技为基础的智慧文旅，通过信息化来优质高效整合文旅资源要素，实现高新技术产业与现代文旅产业的耦合，进而提升产业价值链，实现高质量增长。

【延伸阅读】

朝阳区是首都国际交往特别是文创和商务旅游、国际会展核心区域。区内国际化资源聚集：集中了北京市约90%的国际传媒机构，约80%的国际组织、国际商会，约80%的跨国公司地区总部（超50家），约70%的世界500强企业，约70%的国

际金融机构和约 30% 的五星级酒店；区内国际交流频繁：区内驻华使馆、境外驻京代表单位、新闻机构众多，北京市约 50% 以上的国际性会议、90% 的国际商务展览在这里举办。同时朝阳区毗邻首都国际机场，交通便利，对于开展商务旅游、文化音乐消费等具有基础性优势。朝阳区内信息、金融、咨询类企业众多，运用大数据分析技术对商旅信息进行处理和应用等具有相对较好的技术资源和应用前景。朝阳区作为北京的经济商务核心区域，大力发展和建设高端文化和商务旅游，对于提升北京文化产业竞争力和入境游游客数量和品质，推动北京文旅经济发展，打造朝阳区国际化名片作用有重要意义。

伊丽媛：
加快朝阳区文化
科技融合发展

【建言背景】

近年来，朝阳区充分发挥国家文化产业创新实验区和中关村朝阳园的产业优势，不断加大文化科技政策落地，加强产业配套和营商环境建设，将文化科技融合工作不断引向深入。

【精彩摘编】

一、进一步加强部门联动，建立文化与科技融合发展的机制

区一级文化部门与科技部门之间要进一步建立协同推进机制，形成文化创意产业的科技需求与当前科技工作的有效对接；通过扶持文化科技中介等行业组织，实现文化科技资源流动，提升文化创意产业的整体技术含量。

二、利用国家文化产业创新实验区"试验田"优势，争取率先建立文化科技融合企业认定标准

建议利用国家文化产业创新实验区政策体系和管理机制先行先试的试验田的优势，率先建立文化科技融合企业认定标准，并参照国家高新技术企业税收优惠政策，对经认定的文化科技融合企业给予一定比例的所得税优惠，同时积极探索研发加计扣除、税收抵免、创新型政府采购等支持政策。

三、在国家文化产业创新实验区划设专门的文化科技融合园区

科技与文化融合创新产业需要兼具政策扶持、项目孵化、风险投资、成果对接转化、综合服务等多种功能的产业生态圈载体。建议在试验区内划设专门的文化科技融合园区，使更多的文化科技企业享受到试验区的政策、金融支持。

四、大力推动朝阳文化园区向"文化科技园区"转型升级

建议朝阳紧抓新一轮科技更新契机，支持园区推动科技创新成果与文化创意深度融合发展，重点引进和培育文化科技类、文化总部型"高精尖"企业和高成长性企业，培育一批以大数据、人工智能等为代表的创新型科技细分行业的特色园区，促进园区高端化、集约化、品牌化、国际化发展。

五、加大金融对文化科技企业的支持力度

建议进一步提升文化科技融合的金融支撑力，特别是对中小文化科技企业的支持，鼓励企业参与文化科技攻关，增强科技应用和自主创新能力。例如促进无形资产融资租赁、知识产权质押、文化创意版权融资、专业风险投资基金等的发展；加大对企业融资的补贴力度，降低金融成本。

【建言解读】

党的十八大以来，以习近平同志为核心的党中央高度重视文化和科技融合工作，做出了一系列战略部署。落实中央部署，科技部等六部门共同研究制定了《关于促进文化和科技深度融合的指导意见》，促进地方文化和科技深度融合；北京也把"全

面推动文化科技融合，打造数字创意主阵地"，作为推进文化产业创新发展的主攻方向，这为朝阳区文化科技融合提供了全新的发展机遇。如何抓住机遇，全面提升文化科技创新能力，加快文化科技融合发展，对于推动朝阳区域经济增长具有重要意义。

【延伸阅读】

当前，朝阳区文化科技融合发展还面临一些阻碍，潜力还没有充分释放。一是文化科技融合工作还存在统筹协调不足、多头管理的问题；二是还缺少对于文化科技融合企业认定标准；三是国家文化产业创新实验区内，还缺少专门用于文化科技融合的特色园区；四是科技企业和文化企业还缺乏有效的对接渠道；五是金融对文化科技的支撑力度还有待加大。

张凌云：
推进文化与科技融合
促进国家文化产业创新
实验区建设

【建言背景】

朝阳区国家文化产业创新实验区自成立以来，大力推动了朝阳区文化产业大力发展，取得显著成效。文化产业要做大做强，离不开融合发展和创新驱动。文化与科技融合，既能催生新的文化业态、延伸文化产业链、集聚大量创新人才，又能有效促进科技的创新和应用。

【精彩摘编】

一、加强政策支持和规划引领

首先，立足首都发展实际，完善文化与科技融合政策扶持体系，结合当前技术前沿和未来发展趋势，明确文化与科技融合的重点突破方向，统筹规划文化科技创新体系、产业体系、市场体系的建设任务和重点工程。其次，围绕文化科技企业，给予相应政策支持，特别是支持文化企业享受科技企业同等政策，鼓励文化企业大力推进数字化、智能化，逐步完善以保护文化科技融合创新成果知识产权为核心的法律法规和制度体系，支持文化科技企业的投资、并购，做大做强。

二、加强平台建设，促进融合的深度和广度

首先，培育、搭建文化企业与科技企业交流的平台，定期开展文化和科技融合成果展览交易，破解信息不对称难题，在良性竞争的前提下，鼓励行业内企业间的信息共享、资源互补及协同合作，形成成果转化的聚集效应和示范效应，培育头部文化企业。其次，充分利用朝阳区现有资源拓展文化创意空间，打造文化科技产业集群，统筹规划文创产业、文创功能区、文创产业园区、特色小镇，搭建科技文化服务平台，推进科技与文化实现多领域跨界融合。

三、提升创新能力，培养复合型人才

企业、科研机构要加大文化领域应用技术的研发投入及核心技术实践，增强创新成果转化能力，整合文化科技骨干企业和研究机构力量，建立文化科技融合技术研发、模式创新和成果实践实验室，加速创新成果商业化进程；同时，建立文化和科技融合决策咨询机制，加强专家智库建设，提供准确、前瞻、及时的政策建议，以文化与科技复合型人才培养为重点，推动建立政府、协会、院校、企业多元化人才培育体系，完善文化人才认定和评价体系，在企业人才职称评定和引进制度等方面做进一步的突破，给予重点文化企业支持，面向全球加强人才的发掘、集聚和引进。

四、积极参与国际交流，深化开放合作

鼓励文化企业"走出去"，积极参与国际文化科技交流，分享成功案例、借鉴先进经验的同时，鼓励有实力的中国企业通过项目合作、海外并购、联合经营、设立分支机构等方式开拓海外市场，打造中国的文化科技融合的典范；同时，逐步完善中国企业在海外拓展业务的配套政策支持，助力我国优秀文化产品进入国际市场，提升中华文化的国际影响力。

刘可欣：
为朝阳区历史文化保护建立数字信息管理系统

【建言背景】

北京朝阳区历史文化资源丰富，不光有承载着厚重历史底蕴的数条河流穿行其间，还有着很多历史文物和文化遗脉，以及下沉到街乡且蕴藏着历史典故的各类文化地标和 27 项市级以上非物质文化遗产。朝阳区属于北京中心城区，既有国际交往的窗口功能、繁荣的商贸往来，又有文化创意与科技创新融合的发展潜力，历史文脉的保护和梳理工作将会为朝阳未来的文旅融合发展打下坚实的基础。

【精彩摘编】

（1）为朝阳区历史文化遗脉的保护建立与科技发展相适应的数字化管理档案，包含下沉到街乡街道门牌号、具体到某一棵古树的历史建筑，与其相关的数字化信息档案、数字化三维立体画像、数字化保护分级信息。

（2）为朝阳区历史文脉建立数字化地图，让北京古都的历史文化以及文物保护地和具体方位可以像电子地图一样呈现在人们的眼前。

（3）为朝阳区历史文脉的保护工作建立先进的数字化流程管理系统，让科学化、系统化、透明化的数字管理系统应用于整个文化保护工作的始终，帮助管理条例的落实与实施，明确朝阳区历史文脉保护工作具体实施中涉及的责任职级单位隶属关系，审批进度、工作进行情况、流程管理过程中的问题即时提出与反馈等。

（4）为朝阳区历史文脉的保护工作建立数字化的社会捐款通道，在互联网上向社会公众开放捐款通道，募捐"数字地图"中的具体文保项目，并接受公众监督执行、定期公布执行进度与情况。建立"朝阳文化保护传承人"的荣誉奖励机制。

（5）为朝阳区历史文脉保护建立数字影像博物馆、吸引公众访问浏览以及参与数字化交互体验，定期在线上举办各类与朝阳区历史文化保护有关的公益宣传专题，与广大市民乃至世界人民实时交流的线上活动，让朝阳在自己的城市文化建设过程中不忘与世界对话。

【建言解读】

在朝阳区历史文脉保护方面，为朝阳区的历史地标与历史文脉建立最前沿的数字化管理系统，是非常具有前瞻性的。朝阳区的历史文脉保护一定要区别于北京历史文化核心区的优势特点，着重发挥朝阳区科技创新力和国际交流方面的优势。

【延伸阅读】

历史文化保护的信息管理系统不能停留在向社会发布信息提供信息和指引这样的单向发布与传达功能，仅仅是平台对接和信息展示发布这样基础的顶层设计容易让信息管理系统停留在相对单一的网站模式，不能满足在现代化城市建设过程中，对整个朝阳区文化系统工程、创新科技融合、区块链数字经济布局、城市管理流程实时性、公众性和文化交流互动性等联通与激活需求。

梁鑫华：
把握数字文化发展机遇
增强人民获得感

【建言背景】

在疫情防控"常态化"的当下，要加快朝阳数字文化产业发展"常态化"，使文化发展呈现出线上线下相辅相成的态势，要坚定文化自信，推动中华优秀传统文化进行创造性转化和创新性发展；要继承革命文化，发展社会主义先进文化，不断铸就中华文化新辉煌；要建设社会主义文化强国，不断满足人民群众对美好生活的向往，进一步提高人民的获得感、幸福感。

【精彩摘编】

一、推进数字文化平台建设"常态化"

作为北京市和全国文化产业发展的"核心区"和"示范区"，朝阳区要抓好数字经济示范区建设，实施文化产业数字化战略，健全现代文化产业体系，加快发展新型文化企业、文化业态和文化消费模式。规范发展文化产业园区，促进区域文化产业带建设。

二、推进文化馆、博物馆数字化展览"常态化"

要利用好中国数字科技馆这类前沿科技平台，探求更多科技与文化融合发展的新路径，以创新性、趣味性为宗旨不断推出一批深受年轻人喜爱的数字文化产品，将文化馆、博物馆线上展览"常态化"，由此进一步推动线上线下消费融合，充分发挥线上交流互动、引客聚客、精准营销等优势，引导线上用户转化为实地游览、线下消费，不断改造提升传统业态，增强人们的文化获得感。

三、推进大中小学网课"常态化"

建议朝阳教育机构选择一批大中小学作为试点，将网课"常态化"。开展线上线下融合式教学，以线下为主，线上为辅，完善线上教育教学资源的保障体系和运行机制，在疫情常态化背景下提高基础教育公共服务的能力和灵活应对重大突发事件的能力。同时，还要深入推进数字文化技术在教育教学中的融合应用，深入探讨加快虚拟现实、人工智能等新技术与教育教学的深度融合，加速数字课程教材等优质资源共建共享，推进数字化学习，促进教育公平，开辟数字化教育教学的新境界，推进建设高质量教育体系。

【建言解读】

在疫情防控常态化和国内国际双循环相互促进的新发展格局背景下，数字文化产业发展正在步入新常态。2020年上半年，全民"宅文化"促使数字文化迅猛发展，在助力复工复产中发挥了重要作用。"十四五"规划将数字文化发展上升为国家的重大战略和重点发展方向。此前，文化和旅游部《关于推动数字文化产业高质量发展的意见》从夯实发展基础、培育新型业态、构建产业生态等角度，对推动数字文化产业高质量发展做出全面部署。当前，数字文化技术正在向人民生产生活领域广泛渗透。围绕高质量发展，加快推进社会主义文化强国建设，就要在推动形成以国内大循环为主体、国内国际双循环相互促进的新发展格局中进一步凸显数字文化的重要作用。

习近平总书记强调，要认清当前形势，坚持在常态化疫情防控中加快推进生产生活秩序全面恢复，做好较长时间应对疫情的思想准备和工作准备。"常态化"已成为我国现阶段的关键词，意味着要把战时措施转化为平时机制。"穷则变，变则通，通则久。"

管文东：
以 5G 为引擎
加强文化与科技融合

【建言背景】

随着我国 5G 网络商用进程深入发展，国内各地纷纷布局加快 5G 与千行百业融合发展，其中文化创意领域是普遍聚焦点，势必形成巨大的产业和商机。朝阳区紧紧抓住机遇，利用文化创意领域上的产业优势，充分结合 5G 前沿技术，激发相关领域高层次创新，实现产业深度融合发展，推动经济高质量发展。

【精彩摘编】

一、明确"十四五"期间，以国际 5G 与文化产业融合发展产业园区、应用示范区为目标，建设国家级文化与科技融合示范基地

建议以 798 或类似的园区为基础，成立 5G 与文化产业融合发展产业园区，吸引相关企业入驻，打造产业发展与示范应用标杆。同时重视园区的国际化运营与影响力，着力营造国际化内容、影响力和输出能力。

二、成立 5G 与文化产业创新合作平台，为 5G 与文化产业融合建立坚实的技术基础和较为成熟的运营体系

建议成立文化产业创新与合作平台，打破部门、产业、地域的界限，联通产学研各界力量。横向能在北京市各政府部门、研究机构之间协调工作，纵向能拉通 5G 产业链从运营商、设备厂商、应用提供商、创意者 / 内容提供者到需求方，协同开展 5G 跨行业应用创新，建立 5G 与文化产业融合应用的生态体系。

三、建立 5G 与文化产业生态对接平台，及测试与验证平台

建立文化产业生态对接平台，促进相关主体间的交流和深度合作，以联盟、创新中心和公共测试平台等方式，促进供需对接、技术革新、知识共享，形成优势互补，对接供需各方需求，满足文创企业迫切急需的 5G 测试床问题。

四、扶持文创相关中小微企业参与 5G 创新，全方位激活社会文化创新活力

搭建 5G 文创相关中小微企业与创新中心、孵化器、实验室、投融资机构的沟通与合作平台，提供技术支持、资金对接、业务咨询等多方面的服务，促进融合资金链、产业链、创新链贯通发展，开展 5G 应用联合孵化，培育一批主营业务突出、竞争力强、成长性好的 5G 融合应用专精特新"小巨人"文创企业。

五、尽早布局 5G 广播相关产业，为未来我国和国际 5G 广播等急需技术领域发展提前做好准备

建议朝阳区 5G 与文化产业相关单位，应结合国际技术发展最前沿与北京冬奥实际需求，在 5G 广播技术、XR、4K/8K 超高清制播、智慧观赛技术等急需技术领域提早布局。

【建言解读】

习近平总书记曾指出："要坚持移动优先策略，让主流媒体借助移动传播，牢牢占据舆论引导、思想引领、文化传承、服务人民的传播制高点。"

5G 技术将为文化产业带来广阔空间，推动文化产业生产方式的变革与创新。一

方面，5G 技术的应用，会优化文化产业的生产流程，提升文化产业的生产效率与产品质量；另一方面，5G 技术也会为数字化信息的高速传输创造条件，促进生产要素与产品的高效流通，推动文化与科技的深度融合。5G 不但是关联领域裂变式发展赋能技术，更应利用 5G 技术进一步培育孵化文化创意新产品、新模式、新业态、新消费，满足人民群众美好生活需要。文化为科技创新提供内容驱动，科技为文化融合与表达探索创新提供可能。可见在 5G 技术和数字化技术的基础上，我国文化产业必将迎来新一轮的发展。

黄孝斌：
朝阳区文化科技
"十四五"发展的对策建议

【建言背景】

朝阳区在"十三五"规划发展过程中，获批国家文化产业创新实验区，成为文化部（现为文化和旅游部）和北京市合作推进的承载首都文化创新的重要区域。为促进朝阳区"十四五"发展，发挥国际化优势，增强文化影响力，推进朝阳区文化建设，打造文化强区，引领首都全国文化中心建设，朝阳区在科技创新和文化深入发展方面仍需继续探索。

【精彩摘编】

一、打造全要素数字文创产业生态系统

通过鼓励"线下＋线上"创新模式开展数字文创产业生态共生系统峰会、领袖盛会及分论坛、开发者大会以及数字文创金融路演、数字文创衍生品版权交易展、智能科技互动体验展、数字文创产业投融资精准对接会等方式，精准匹配协同发展的需求。

二、加大科技文化融合应用场景建设

建议政府加大智慧科技应用场景的建设，以智慧城市行业、文创产业各细分领域龙头企业组成的科技创新联盟为试点，免费提供实验室、文化模拟场景等相关基础设施，开展场景应用示范工作，可带动区内一大批各个细分领域企业的发展；政府相应设立科学合理的容错指导机制，给新技术试用文化场景建设犯错纠正的空间并给予专业化指导，切实将智慧应用平台在推动文创产业发展中落地实施；政府加强投入和引导，通过设立专项科技文化融合发展基金，支持高新技术注入文化产业发展，同时建立保护融合科技文化知识产权的法律法规体系，以提供健康、有序、平稳的环境。

三、增强科技型企业人才引进的政策扶持力度

政府需进一步提升科技型企业人才待遇水平，完善人才引进机制，加大对高新技术企业在引进人才方面的扶持力度。政府应健全领导企业人才培养组织机构，帮助高新技术企业加强对人才的培养，并纳入政府绩效考核范围。除户口、住房、薪酬等硬性条件外，人才生活方面的后顾之忧需要得到配套的解决。

【建言解读】

"十三五"以来，智慧城市行业发展迅猛，通过运用信息和通信技术手段，感测分析整合城市运行核心系统的各项关键信息，从而对包括民生、环保、公共安全城市服务、工商业活动在内的各种需求做出响应，提升城市的运行质量和效率，但对文化行业的涉猎范围狭隘，嵌入层次较浅。目前朝阳区科技、文化领域的发展理念并未实现高效融合，在智慧城市领域尤为凸显，因此，促进数字文创产业上下游融合、促进科技与文化高效融合是拉动城市经济发展的必然选择。

【延伸阅读】

2021年4月10日上午，由中关村科技园区朝阳园管委会主办的以"科技朝阳加速创新"为主题的"创新100"加速工程科技领跑活动在大望京公园成功举办。为

支持更多的科技创新企业在朝阳区健康发展，朝阳园管委会在围绕人才培养、企业扶持、平台建设、资源对接等方面开展"创新100"加速工程，该工程通过支持100名创新人才和创新型企业，对接100家创业服务机构和创业导师服务园区创新创业发展，将更好地促进创新要素互动交流，营造良好的创新创业氛围。

中关村朝阳园2020年获批国家级双创示范基地，未来将举办"创新100"加速工程的系列活动，促进创新要素互动交流，为科技企业和人才加速成长，营造良好生态，通过科技创新领跑产业发展。

赵鹏：
培育数字文化产业
新动能

【建言背景】

数字文化产业是文化产业发展的未来方向，是基于数字技术的发展和创意产业的融合催生出的文化产业新形态。2020 年 9 月 21 日，国务院印发了北京自由贸易试验区总体方案，数字经济成为北京自贸区的主要特征之一。朝阳区以"文化、国际化、大尺度绿化"为主攻方向，一直在持续打造创新引领的首都文化窗口区。当前应充分发挥朝阳文化产业园集聚效应优势，培育朝阳区数字文化产业新动能。

【精彩摘编】

一、依托文化产业园，打造数字文化新坐标

推进 CBD 文化中心、国家文创实验区国际文化中心建设，引导已有一定知名度的特色文化产业园进行数字文化升级，增设数字文化艺术展区，采取"科技 + 文化"形态，推动旅游、购物、会展、娱乐等传统文化产业的数字化升级，打造数字文化新坐标。

二、推进文化、旅游资源数字化

充分挖掘文化 IP 打造类企业潜能，开展政企事业单位合作，依托特色旅游文化，开发具有鲜明区域特色及民族特色的数字文化产品，提升数字化智能化水平，创新交互体验，促进融合创新，带动公共文化资源和数字技术融合发展。

三、打造朝阳区动漫文化特色产业

运用信息技术手段和各种新兴媒体，创新表现形式，积极开拓动漫新业态，通过国家会议中心开展动漫会展，进一步打造朝阳区动漫文化特色产业，发展动漫品牌授权和形象营销，挖掘动漫行业发展新动能。

四、推进朝阳区艺术品文化特色产业发展

推动艺术品资源数字化转化和开发。打造具有国际知名度的文化艺术品拍卖活动，通过文化艺术品拍卖，带动艺术品流通、展示、交易的数字化、平台化、规模化。

五、依托艺术高校打造"网红经济"产业

在现有文化产业园基础上，打造 MCN 聚集产业园区，研究建立规范合理的 MCN 分成及纳税模式，推动数字文化与社交电商、"粉丝经济"等营销模式的结合。

【建言解读】

突如其来的疫情使高度依赖人群集聚消费的电影院、演出等传统文化产业的发展陷入困境，受其影响，文化类企业存续数及活跃度均有所下降。

据统计，截至 2020 年 3 月底朝阳区文化及相关产业实有企业数为 75116 户，截至 2020 年 6 月底，实有企业数下降为 69015 户，同比下降 8.1%。在活跃度上，文化及相关产业整体企业活跃度为 60.6%，其中文化投资运营、文化传播渠道、文化消费终端生产三个行业的企业活跃度均未过半数，对比 2019 年末分别下降 45.4 个百分点、38 个百分点、33.3 个百分点，是文化及相关产业中受疫情影响较大的行业。

在北京自贸区成立大背景下，结合朝阳区产业园集聚特点，应加大政府引导力度，

聚焦网络游戏、网络直播、短视频、数字音乐、在线教育等新业态为代表的数字文化产业，促进传统文化传媒数字化转型，与实体经济深度融合，培育一批具有较强核心竞争力的大型数字文化企业，引导互联网及其他领域龙头企业布局数字文化产业，打造创新引领的首都文化窗口区，培育朝阳区经济发展新动能。

【延伸阅读】

《中国（北京）自由贸易试验区总体方案》节选

（四）创新数字经济发展环境

10. 增强数字贸易国际竞争力。对标国际先进水平，探索符合国情的数字贸易发展规则，加强跨境数据保护规制合作，促进数字证书和电子签名的国际互认。探索制定信息技术安全、数据隐私保护、跨境数据流动等重点领域规则。探索创制数据确权、数据资产、数据服务等交易标准及数据交易流通的定价、结算、质量认证等服务体系，规范交易行为。探索开展数字贸易统计监测。

11. 鼓励发展数字经济新业态新模式。加快新一代信息基础设施建设，探索构建安全便利的国际互联网数据专用通道。应用区块链等数字技术系统规范跨境贸易、法律合规、技术标准的实施，保障跨境贸易多边合作的无纸化、动态化、标准化。依托区块链技术应用，整合高精尖制造业企业信息和信用数据，打造高效便捷的通关模式。探索建立允许相关机构在可控范围内对新产品、新业务进行测试的监管机制。

第四章

推动文化消费
打造青春朝阳

顾婷婷：
关于朝阳区"十三五"时期
文化产业的发展建议

【建言背景】

2014 年 7 月 31 日，文化部（现为文化和旅游部）批准设立国家文化产业创新实验区。文创实验区核心区落户朝阳区，是朝阳区文化产业创新发展的重大历史机遇，更是全面提升首都文化产业创新发展水平、服务北京市疏解非首都功能、构建"高精尖"经济结构、促进首都文化产业示范带动水平的关键路径。

【精彩摘编】

一、建议扶植一批市值过千亿的大型文化产业集团

北京市作为全国文化中心，必须有龙头企业来引领，而朝阳区的文化企业资源丰富，比如中央电视台、北京电视台、人民日报社、凤凰网等，覆盖新闻、出版、视听、游戏、动漫等多个文化领域，有望在朝阳区政府的大力支持下得到更快速的发展。

二、建议发展一批综合型、现代化的文化消费集聚地

文化消费需要载体，首先需要把人聚集起来。朝阳区优势明显，三里屯是购物广场模式的代表，欢乐谷是娱乐旅游模式的代表，798是文化消费模式的代表，今后可进一步发展为集文化、娱乐、购物于一体的综合性消费集聚地，并逐步增加文化元素。

【建言解读】

"十三五"时期是文化发展的繁荣期，建言提案在充分认识到规划建设文创实验区重大意义的基础上，建议在朝阳区"扶植一批市值过千亿元的大型文化产业集团"，发展一批综合型、现代化的文化消费集聚地，对促进朝阳区文化产业发展、推进落实北京的全国文化中心建设具有积极意义。此外，建言着眼当今时代文化发展新趋势、经济社会发展新要求，以及人民精神文化生活新期待，进一步明确了首都北京作为全国文化中心的战略定位。充分意识到了朝阳区的优势，建议进一步建设和发展更多综合性消费集聚地，从而促进文化消费成为经济发展的新动力、提升朝阳区国际传播能力和中华文化影响力，最后，建言结合文化与科技融合的趋势与国家三网融合的战略，提出"重点打造文化科技融合的品牌产品""发挥实验区文化政策先行先试的特点"，对引导破解文化产业创新发展的体制机制障碍，提高产业聚集效应，推动文化产业发展进入新阶段具有积极意义。

【延伸阅读】

2009年，朝阳区率先推进文化产业功能区发展理论和实践探索，积极引导全区文化创意产业发展模式由园区、集聚区向功能区转型，实现在更高水平、更大范围内的集群发展。依托北京CBD—定福庄区域国际资源丰富、商务氛围浓厚、消费市场活跃、资本市场发达、高端人才聚集的发展特点，提出"北京CBD—定福庄国际传媒产业走廊"（以下简称为传媒走廊）发展构想，积极培育了莱锦文化创意产业园、懋隆文化产业创意园等一批重点产业园区（基地）项目。在政府的积极引导和市场的有机互动作用下，传媒走廊区域文化产业要素资源加快聚集、集群发展水平显著

提升、区域发展活力日益迸发，文化创意产业实现收入年均增速超过17%，2011年，传媒走廊区域规模以上文化创意企业实现收入突破1100亿元，率先建成了全国首个年产值过千亿元的文化传媒产业功能区。"十二五"期间，传媒走廊区域文化创意产业发展进一步提速，产业聚集效应和功能辐射带动作用显著增强，文化创意产业从扩量转向提质、增效的新阶段。北京国家广告产业园等一批国家级重点项目相继落户，截至"十二五"末，传媒走廊区域内共聚集了重点园区（基地）50余家，文化类机构超过2.7万家，包括1000余家互联网新兴媒体企业和近200家国际知名新闻机构。2015年，传媒走廊区域规模以上文化创意企业实现年收入约1800亿元，成为首都文化创意产业创新发展的重要承载区。

莱锦文化创意产业园

　　基于这一区域良好的发展基础和广阔的发展空间，2014年7月，原文化部、北京市采取部市战略合作方式，以传媒走廊区域为核心承载区，共同规划建设国家文化产业创新实验区。文创实验区核心区落户朝阳区，是朝阳区文化产业创新发展的重大历史机遇，是服务朝阳区"建设'三区'、建成小康"总体目标，高水平建设"文化创新实验区"，打造"现代都市景观与产业融合发展廊道"的重要抓手，更是在全国文化改革深入推进、京津冀协同发展、北京非首都功能疏解与首都全国文化中心建设新的时代背景下，深入贯彻落实党的十八大和十八届三中、四中、五中全会精神的重要举措；是服务首都"政治中心、文化中心、国际交往中心、科技创新中心"城市战略定位，尤其是推动北京全国文化中心建设的重要抓手；是推动京津冀文化产业协同创新发展的重要举措；是全面提升首都文化产业创新发展水平，服务北京市疏解非首都功能、构建"高精尖"经济结构，促进首都文化产业示范带动水平的关键路径；是有效破解当前制约文化创新发展的体制机制障碍，引领全国文化改革发展的重要理论和实践创新；是显著提升国际传播能力和中华文化影响力，推动中华文化"走出去"的重要窗口。

李海建：
加强朝阳区
文化创意园区建设

【建言背景】

文化产业是 21 世纪的朝阳产业，对于提升区域文化软实力和综合竞争力具有重要战略意义。经济要转型，城市要转型，文化园区的建设和运营模式也必须转型。因此，必须树立"文化＋"的意识，促进文化产业园区与地区传统文化优势融合发展，推动文化产业规模化、集约化、高端化，为文化产业的发展提供可持续的支持。

【精彩摘编】

一、坚持规划引导

要综合考虑区位、交通、人流等多种因素，在原有规划基础上再深入、再研究，完善朝阳区历史文化园区布局规划，明确园区的功能定位、特色品牌、人文环境、业态布局等，并注重文化、商贸、旅游等各方面的协同发展，促进园区建设的科学、理性与和谐，避免重复建设。

二、坚持因地制宜

园区建设要根据实际因地制宜，明确定位和主题，从尊重历史、延续历史、传递历史的角度出发，保护和利用好具有历史及人文价值的建筑和风貌，融合展示各个特色文化元素。在通惠河景区对其改造提升，可以"商埠文化"为主题，融入地方美食、特色购物、宅院酒店等业态。

通惠河

三、坚持以点带面

文化创意园区的建设在进行统筹规划的同时，注重把握力度、节奏和时间节点，按照难易程度先行先试，形成"建成一个、发展一个、带动一批、辐射一片"的集聚效应。

朝阳区虽然文化积淀深厚，但从发展现状看，还存在以下问题：园区业态布局缺乏整体规划，园区发展特色不够、定位不明确，园区管理缺乏有效科学保障等。

历史文化创意园区就是对现有园区一种很好的提升和补充，不仅可以唤起市民对于历史和文化的记忆，更能通过文化创造出生产力、创造出财富，从而提升文化产业竞争力、生命力，成为朝阳区经济发展的新增长点。同时，历史文化创意园区呈对外开放式，对于集聚人气、促进发展、激发活力具有较明显的优势。

各园区应充分利用自身文化资源优势，通过制定详细全面的规划做引导，提高园区的竞争力，形成明显的园区特色，对激发文化产业园区生长动力，提升区域产业特色具有积极意义，形成规模效应、集聚效应，为文化产业的发展提供可持续的支持。

张学军：
关于创建朝阳区
"文化创新示范社区"的建议

【建言背景】

朝阳区"十三五"规划提出了"高水平建设国际商务中心区、文化创新实验区、和谐宜居模范区，率先全面建成小康社会，打造高端集约、环境优美、开放包容、宜居和谐、民生幸福的魅力朝阳"的总体目标。其中，高水平建设文化创新试验区就是要实现：国家文化产业创新实验区建设取得突破，现代公共文化服务体系健全完善，文化事业和文化产业蓬勃发展，朝阳在首都全国文化中心建设中的地位和作用进一步彰显。

【精彩摘编】

一、正确认识朝阳区开展"文化创新示范社区"创建活动的重要意义

随着北京城市的国际化发展趋势，居民对社区的认同感、归属感不断增加，社区在城市建设发展中的作用不断增强。某种意义上，社区文化创新是城市文化创新的重要基础，"文化创新示范社区"完全可以作为朝阳区开展文化创新活动的重要

基点，与全区其他文化创新活动相辅相成、互联互通，共同推进朝阳区国家级文化创新试验区核心区的建设工作。

二、用世界眼光、国际标准开展"文化创新示范社区"创建活动

虽然近年来朝阳区社区工作受到了政府的高度重视，但由于基础薄弱，社区文化发展与国际先进水平相比还有很大差距。开展"文化创新示范社区"创建活动，需要树立世界眼光、国际标准，研究学习并创新发展国际先进的社区文化创新理念。

三、城乡统筹、产社相融共同推进"文化创新示范社区"创建行动

科学编制"文化创新示范社区"创建行动计划，坚持城市社区和农村社区统筹兼顾，推动社区文化创新活动与区域内的传媒、教育、金融、科技、商务等文化产业发展深度融合，动员全区各界人士和各行业力量共同投身"文化创新示范社区"创建活动，促使全区城乡居民文化素质通过创建活动得到明显提高，争取 3 年内打造一批国际先进水平的"文化创新示范社区"，为朝阳区高水平建设文化创新试验区提供坚强有力的基础支撑。

【建言解读】

建言提倡由朝阳区政府牵头，组织开展朝阳区"文化创新示范社区"创建活动，构建上下联动、形成合力的文化创新发展格局，遵循从认识到实践的路径，以国际化的视角和标准，城乡统筹、产社相融的方式开展"文化创新示范社区"建设活动，更加扎实有效地推动朝阳区文化创新试验区的建设工作。通过建设"文化创新示范区"，丰富人民群众精神文化生活、满足人民群众多样化消费需求，加快朝阳区经济发展方式转变，打造具有世界影响力的文化产业创新发展区，早日实现朝阳区"建设'三区'、建成小康"战略目标的重大任务。

【延伸阅读】

新加坡"邻里中心"（Neighborhood Center）源于新加坡政府 1965 年推行并长期实施的"组屋"（HDB flats）计划，可以说是"未来社区"最早的探索雏形。新加

坡大巴窑地区是新加坡建国初期建设的第一批组屋。在经历了第一代新市镇建设对女皇镇的建设后，大巴窑作为新加坡第二个卫星镇于1964年开始被设计和建设。

6年的时间，大巴窑地区将散落的工厂、村屋和郊区养殖场整体规划和更新为12个邻里区块，约15.6万居民，8.5平方千米。从原有的一房、两房式，开始出现四房、五房式的大型组屋，由此也搭建了家庭化等更丰富的居住型消费单元，是一个根据邻区规划概念开发的典型市镇。

大巴窑规划采用了TOD模式的优点，邻里中心结合了快速路和地铁站的出入口，集约便利性优化了新市镇中心的公共设施布局，充分缓解中心城市的高强度开发压力，为居民出行提供了极大便利。

大巴窑社区的商业呈现3条商业街的布局，实现了商业空间内部衔接便利，区域内拥有多家购物中心和百货，涵盖咖啡、标准餐食，拥有送餐和节日套餐功能，低价超市和普通超市同时设立，供不同消费选择。从水果、蔬菜到服装、百货，从家电到首饰、眼镜，从餐饮到美发、美甲，日常生活的各个服务门类。

除了商业、公共服务等实际功能，大巴窑还在新的规划中提出建造新组屋单位、翻新步行街和民众广场，为行人修建道路顶棚，设置新的自行车架和自行车道，建立整栋停车楼等，以此扩展更多绿色空间和无障碍设施，配备邻里公园等供以居民休闲放松的绿色场所。此外，大巴窑社区未来将建起"艺术与历史角落"，用以传承大巴窑的文化和历史。

郑伯全:
关于推进朝阳区
文化创意产业发展的建议

【建言背景】

近年来,朝阳区以国家文化产业创新实验区为重要抓手,积极加大文化创意产业领域政策创新和服务体系建设,取得了重要成果。但距离新时代首都全国文化中心建设的新要求、更好地发挥引领全国文化产业创新发展的示范作用,仍然存在一定的差距。立足新时代,站在新起点,朝阳区需要进一步抢抓发展机遇,强化创新资源聚集,全面深化改革创新,释放区域发展活力。

【精彩摘编】

一、提升核心要素供给能力,建立健全文化金融供给体系

有效引导产、学、研的深度融合,围绕文化产业科技需求,开展文化领域战略性前沿技术和核心技术研究,强化现代信息技术、装备制造技术等高新技术在传统文化产业发展中的应用。加快建设文化创意产业信贷、担保、产权交易、投融资等金融服务平台,推进信用制度、信用服务产品的创新。

二、重塑文化消费场景

拓展文化消费空间，打造碎片化、多样式、多场景、复合型的文化消费场景，重塑人群的消费习惯。将文化产品和服务拓展到生活的方方面面，扩大文化的覆盖面和附加值，借势全域旅游实现全域文化消费场景塑造。支持旅游景区增设文化消费项目，开辟特色文化旅游新线路。

三、打造"独角兽"孵化生态

1. 建立"准独角兽"企业数据库

一方面，追踪企业发展动态，不断更新朝阳区现有"准独角兽"企业数据；另一方面，了解细分行业发展动态，准确研判产业方向，重点引入站在科技风口和市场风口的高成长性企业。

2. 建立健全"独角兽"企业孵化体系

鼓励学习和推广中关村海淀园的"独角兽"孵化经验，持续发力，优化营商环境，在全区范围内逐渐建立起"预孵化＋全孵化＋专业孵化＋加速孵化"的文化创意产业"独角兽"企业孵化体系。

3. 搭建"独角兽"企业资本交流对接平台

通过举办重点项目推介会、独角兽企业投资论坛等形式将银行及其他金融机构、区域龙头企业、"准独角兽"企业、"独角兽"企业聚集到一起，鼓励社会资本参与"独角兽"企业孵化，推动和帮助"独角兽"企业上市融资，获得更大发展空间。

四、优化重点园区功能

引导存量文化创意产业园区完善优化园区产业生态环境，提升园区环境品质，促进园区功能、产业、资源的更新升级发展，实现存量资源的提质发展。加快老旧工业厂房、传统商业设施、低级次有形市场的转型升级，推动文化产业规模化、集约化发展。

【建言解读】

建言针对文化企业融资难的问题，提出"提升核心要素供给能力，建立健全文化金融供给体系"的措施，深化拓展文化与科技、金融、商务等相关产业融合程度，对于解决文化创意企业特别是中小企业发展融资难的问题，特别是如动漫制作、创意设计等一些创意程度高但有形资产少的行业，帮助企业获得更多的金融支持。

建言重点提出了有关"打造'独角兽'孵化生态"的建议措施，通过提高文创企业的创新创意内涵、支持具有品牌影响力的原创产品和精品力作，以此来打造一批具有优质原创 IP、创意内涵丰富、开发及运营能力强、具有国际影响力和创新引领型的创意骨干企业和旗舰企业。

管文东：
以超级 IP 为载体
提升朝阳区的国际消费力

【建言背景】

首都北京是一座具有国际竞争力的魅力之都。2019，朝阳区出台了《朝阳区促进消费升级工作方案（2019—2021）》，从时尚地标、夜间环境、特色活动、消费业态和交通体系等多方面入手，不断巩固提升传统消费优势，完善升级服务消费供给，培育新的消费增长点，释放消费潜力，进一步增强了消费对经济发展的基础性作用，促进消费市场的高质量发展。

【精彩摘编】

一、打造国际化超级 IP，让朝阳区的消费市场吸引世界的目光

以中国历史文化为基础，讲好中国传统故事，打造中国特色、世界独有 IP，建议重点引进目前做得比较成功的故宫、颐和园两个文创品牌，将其实体化，即大力吸引和支持其在朝阳区建立国际化高端连锁文创实体店。

二、让文化成为朝阳消费市场最具国际吸引力的内核和灵魂，讲好中国故事

充分利用好现有资源，提升朝阳现有商业街区的国际知名度和消费吸引力，如国贸、三里屯、华贸这三个最具国际特色和知名度的商业街区，建议进行进一步升级和改造，无论是从外观还是从内涵方面都应该更加体现中国传统文化并融入国际时尚元素，做好融合，提升其国际化水平，并弘扬中国传统文化。

三、大力发展文创产业，做好文创与商业的有机融合，将"文创 + 商创"作为新的发展方向

第一，以全国文创实验区为引领，将国际化文创产品、展览等移植到商业中心及商业街区，双方互相借力，共同创造新的商业增长点；第二，将商业创新与文创大胆结合，将适宜的商品和商业活动移植到文创园区，让商业插上文创的翅膀，赋予其新生力量，提升其国际影响力；第三，商创和文创共同发力，打造新的国际化IP，探索性打造一个全新的国际化商业文创园区，主要集中国内外最新潮流的文创产品和商业品牌，共同吸引世界的目光，创造新的世界级"文创 + 商创"典范园区，引领世界消费新潮流。

【建言解读】

虽然朝阳区大型购物中心林立，但它们资源散乱，缺乏整合，没有形成合力，在发掘自身竞争潜力的时候都是各自为政。针对此现象，建言提出了"整合资源，集中精力，大力打造具有文化内涵的国际化高端商业街区集群"，将建立一个由一批业界表现优异的商业中心组成的具有国际竞争力的商业集群，实现有序组织、科学规划，形成具有国际竞争力的集群品牌效应。

未来商业的竞争实际上是文化品位的争夺战，尤其是国际商业竞争更是国家文化底蕴之间的竞争，文化与旅游之间的融合更为文化元素如何融入商业、提升其在旅游活动中的地位和吸引力提出了挑战。由此，建言提出"做好文创与商业的有机融合"，以深厚的文化底蕴作为支撑，"商创和文创共同发力，打造新的国际化IP"，提升国际影响力和吸引力。

2019年，朝阳区出台了《朝阳区促进消费升级工作方案（2019—2021）》，朝阳区将打造三大特色消费商圈。一是CBD国际购物商圈，依托北京SKP、国贸商城等购物中心，打造CBD国际消费品牌前沿阵地，引领国际消费潮流。二是三里屯时尚购物街区，依托驻华使馆、太古里等优质资源，集聚文化名流与艺术家，建设顶级展演发布会场所和平台打造三里屯时尚街区。三是坝河文化购物商圈，依托坝河景观水系和亮马河景观水系，打造滨河亲水国际消费商圈，强化生态国际文化购物功能，重点培育具有生态品牌标签的颐堤港文化体育购物圈，以及集聚国际创新业态、国际文化运营主体的郎园station文化购物小镇，辐射将台、东坝、金盏以及北京副中心。

蓝色港湾

朝阳区还将以国际一流标准，加快商圈建设。围绕五大专项行动，即地标建设专项行动、商业创新专项行动、品牌聚集专项行动、商业文体融合专项行动、街巷经济专项行动，大力推动三大特色商圈改造提升，打造商圈升级的示范样板，引导更多传统百货转型升级，增强消费对经济的基础贡献。

同时，吸引优质资源，激发消费新活力。鼓励国际高端、时尚品牌"首店""旗舰店"落户，吸引"网红""轻奢"品牌入驻；把握文化、体育、旅游、养老、教育等服务消费亮点，增强对服务行业头部品牌的引入；增加高品质产品和服务有效供给，推进金融、科技、文创等领域的发展，支持博物馆、图书馆、实体书店等文化设施建设，推动信息科技创新与消费的深度融合，打造沉浸式消费场景，挖掘消费新增长点。

周倩仪：
文创介入农村，
文旅提振朝阳，
文化服务首都

【建言背景】

地处首都北京，朝阳区仍然保有农村地区，充分认识文创旅游发展的核心内涵、运行规律和复合效应，努力探索文创旅游推动朝阳农村地区的新愿景、新模式、新路径，以文创旅游推动朝阳区农村地区的可持续发展，是很有现实性的。

【精彩摘编】

一是形成全区共识，订立国际水准的文创乡村愿景，有效对接行将展开的"十四五"规划，形成文创驱动农村发展、文旅服务首都的动态平衡，防止朝阳区农村地区的割裂式发展。

二是扩展合作边界，实施多元集成的文创乡村导图。导入北京首都丰富的创意与设计力量，形成文化创意、文化艺术、文化教育、文化传播等多种门类的深度活态介入与利用。

三是导入营造机制，坚持强化"社区支持农村"理念，推动朝阳区的相关园区、街区、社区与农村地区形成资源互补、能力适配的帮扶关系，形成亮点纷呈、满天星斗的美好局面。

四是强化精品创造思维，珍视朝阳区农村地区的独特价值，本着做好文创旅游大文章、讲好首都新故事的初心，使得相关工作从规划到落实都能够产出内容，产出收益，产出影响。

五是注重科技要素投入，注意朝阳区农村地区文创旅游的科技呈现，形成都市服务型乡村经济应有的科技感、穿越性、陌生美，防止市场反应的疲软，追求市民体验的好评。

六是保持服务首都意识，寻求国际交流价值。充分认识朝阳区农村地区独特的国际交流优势，通过强化国际考察、国际合作、国际传播等多种方式，塑造中国农村新形象。

【建言解读】

朝阳区农村地区文创旅游介入驱动的类型属于典型的都市服务型，或是说典型的都会服务型。在强大的都市文化休闲需求驱动下，特别需要近便的郊区型农村地区能够成为一个又一个主题鲜明的文创特色村，为都市提供创意交流的空间资源和文化内容的独特体验，全面因应这样需求的农村地区自是享受到都市服务的溢出效应。

围绕都会服务型的文创旅游发展模式，建言从六个方面，清晰地呈现了文创旅游推动朝阳区农村地区发展的愿景和路径。除了围绕城市与农村的合作发展，建言中的第五条提出，"注重科技要素投入，注意朝阳区农村地区文创旅游的科技呈现"，注重科技在赋能旅游中的重要作用，"形成都市服务型乡村经济应有的科技感、穿越性、陌生美"，能够带给游客更加便捷、新颖的旅游体验，以科技促进旅游的转型和升级。

【延伸阅读】

为充分发挥乡村旅游在乡村振兴战略和文化旅游牵动战略中的重要作用，有效推动朝阳旅游业和经济社会发展，现就加快推进乡村旅游发展、促进乡村振兴，提出《朝阳市发展乡村旅游促进乡村振兴的实施意见》。

按照全市旅游发展思路和规划原则的总体要求，强化策划意识，科学布局乡村旅游产业，坚持"三个围绕"，打造特色乡村旅游目的地。一是围绕城市发展乡村旅游。以"主要为城市居民提供服务，同时也为外来旅游者提供服务"为原则，沿城郊开发城市依托型乡村旅游产品。二是围绕旅游景区发展乡村旅游。以项目建设为抓手，开发景区依托型乡村旅游产品。三是围绕朝阳特色产业和优势资源发展乡村旅游。以增加农民收益为根本出发点，开发产业依托型、历史文化依托型、民俗依托型、创意主导依托型等模式的乡村旅游产品。

2019 朝阳区五乡一街文化艺术节

李淑环：
打造城市文化消费空间
提升朝阳区国际化水平

【建言背景】

城市文化创意空间是城市不可或缺的公共活动空间，其更新发展是城市更新的重要内容，对提升城市文化品质、彰显城市特色文化内涵具有重要意义。发展城市文化创意空间，要平衡好整体与局部、现状保护与更新发展的关系，形成多层次的有机整体，按照保护—更新—创造的发展模式，积极探寻新型文化创意空间的发展机遇。

【精彩摘编】

一、朝阳区文化园区文化品质提升的考虑

做好多样化公共服务，提升园区品牌竞争力；推进园区与社区融合化发展，促进社会功能提升；设计与专业结合的创作区域，突出互动体验功能。打造艺术文化综合区，强化园区文化活力；搭建培训创新平台，为园区注入新生力量。景观、设施、活动"三位一体"打造城市后花园，提升文化艺术氛围。举办大型文化活动，树立"一

园一品牌"。新设智慧化设施，提供智能化服务。建立完善的资金支持体系，帮助园区企业做大做强。

二、朝阳区文化街区文化品质提升考虑

构建多层商业旅游空间，形成综合发展空间。对标国际顶级文化购物商圈，紧扣朝阳区"三化"发展方向，营造优质消费环境，引领时尚消费潮流，发展"夜间经济"。结合地方特色民俗，创新特色人文景观与活动。打造独特的文化商业，激活优质消费业态。引入高品质业态，形成多样化的街区功能。

民俗博物馆活动

三、朝阳区文化小镇品质提升建议

打造多元文化融合发展的主题产业生态。围绕文化小镇的核心产业，充分发挥"文化创意＋科技＋金融"的协同效应，做实特色小镇的产业支撑，注重核心产业运营体系的情境打造。注重空间肌理和生活风貌的协调融合。放大特殊文化符号建造城市文化综合体。区域联动建设开放式的文化小镇。加强小镇与周边产业园区的可达性及产业联动。

【建言解读】

建言内容注重朝阳区园区发展质量，提出打造"一园一品牌"，推动文化产业园区由单纯经营空间的园区向经营园区品牌转变，实现园区多元化、特色化的发展。其次，建言提出的"丰富街区人文景观""打造独特的文化商业"，意在通过精致化发展文化街区及商业综合体建设区，从而增强朝阳区文化街区和品牌影响力，打造文化发展的新高地。最后，建言从打造"多元文化融合发展的主题产业生态""区域联动建设开放式的文化小镇"等角度提出新的建议，对建设文化小镇以及提升小镇品质具有有益的指导价值。

【延伸阅读】

法国格拉斯小镇的发展经历了皮革制造业向香水制造业转型、香水制造业向旅游业转型、研发中心与深度观光旅游并驾齐驱三个关键转型期。一是打通产业链上下游产业资源。将整个产业链上下游资源汇聚一起，形成规模经济和范围经济的协同效应，促使小镇快速发展。二是注重香水原产地品牌形象的打造。引入国际知名企业 LVMH、迪奥、香奈儿等为其国际形象背书，将区域品牌与产品品牌相结合，形成强有力的原产地形象。使其香水产业蓬勃发展，也衍生出香水原产地购物旅游热。三是开设培训学院，开设游学活动及课程。格拉斯著名的芳香学院是世界顶级调香师的培训地，学院专门为热衷于香水的群体设计了暑期学校和专业课程，每年吸引大批游学者到来。四是深度打造旅游体验产品。根据自身的产业和资源优势，打造出香水制造体验、香水香精原产地购物、花田观光以及休闲节庆节事四大成熟旅游产品。通过主题旅游设施建设和节庆活动策划，增加旅游产品的丰富性。

**宋汉晓：
引领朝阳文化
消费新"潮"流**

【建言背景】

朝阳区是首都"四个中心"功能的集中承载区，在新版北京城市总体规划中，被赋予了"国际一流的商务中心区、国际科技文化体育交流区、创新引领的首都文化窗口区、大尺度生态环境建设示范区、高水平城市化综合改革先行区"的功能定位。"十四五"期间，朝阳区应当以"云文化""夜文化""河文化"为抓手，继续引领文化"潮"流，当好文化领头"羊"。

【精彩摘编】

一、云文化

在当前疫情防控常态化的新背景下，朝阳区积极顺应文化旅游消费提质升级新趋势，深化文化和旅游领域供给侧改革，推动文化和旅游深度融合发展，全面推介朝阳文化和旅游资源，丰富文化和旅游产品供给，激发市场主体活力，提振市民消费信心，通过整合旅游资源、挖掘城市文化底蕴，实现以文促旅、以旅彰文的效果，刺激文化消费。

二、夜文化

朝阳区的"夜文化"，紧紧围绕深挖本土文化，使时尚与传统文化和谐并存，凸显鲜明的地域特色，形成时尚与传统交相辉映的新模式，满足"夜文化"求乐与求知相结合的需求。

三、河文化

朝阳规划艺术馆充分发掘大运河文化，结合中国传统绘画、文化创意设计和数字交互技术，以一幅清朝时期漕运繁盛、百姓富足的画卷《通惠河揽春图》为开篇，引入朝阳区43个街乡的交互展示，带领观众开启穿越古今的文化之旅。通过数字交互长卷"通惠河揽春图"，公众可以以互动形式，深入了解"网红河"通惠河的漕运文化，"穿越"在历史人文故事河。朝阳区还应充分挖掘运河资源优势，在大运河文化带沿线集聚发展文化创意产业，积极培育新兴文化业态，打造具有世界影响力的文化产业创新引领区。

【建言解读】

首先，"云文化"是今年朝阳国际文化旅游节的一个亮点，推出"线上直播""线下活动"文化旅游新体验、新模式，充分借助疫情期间在线云活动积累的人群感受优势，在更宽广的线上平台上进行推广。

其次，夜经济，是城市活力的重要指标，夜文化，是城市发展的"软实力"。近年来，朝阳区一系列政策扶持及创新举措的推出，围绕年轻化的消费人群、营造丰富的文化休闲氛围，朝阳区为夜间经济的发展提供持续性的动力和活力，推动了消费水平持续增长。

蓝色港湾国际商区夜景

最后，如建言所提，大运河文化的历史文化价值还需充分挖掘。朝阳区依托大运河文化带的文化价值，打造"朝阳段"特色文化、旅游的集合型资源，创造国内外解读中华历史的新窗口，为中心城区极大地开拓各类创新资源。

【延伸阅读】

根据中央、市委、区委"十四五"规划和二〇三五年远景目标的建议编制了《北京市朝阳区国民经济和社会发展第十四个五年规划和二〇三五年远景目标纲要》（以下简称《纲要》）。《纲要》明确了全区发展目标、重点任务和重大举措，是指导朝阳区中长期发展的蓝图，是全区人民共同奋斗的行动纲领。

《纲要》提出，引领消费升级潮流，加快推动消费向体验化、品质化和数字化方向发展，大力推动新消费扩容提质，积极建设国际消费中心城市主承载区。

周晨萌：
城市文化空间视域下
三里屯文化建设

【建言背景】

2020 年 4 月 9 日，《北京市推进全国文化中心建设中长期规划（2019 年—2035 年）》正式发布。在这一社会语境下，做好城市文化空间建设，进而提升城市文化影响力，对城市获取竞争优势具有重要的助推作用。北京，作为首善之都、历史名城，具有极为丰富和多样的文化景观、文化群落和文化空间，不仅勾连着生成这些文化特质的历史，也建构着现代化和信息化进程中人们对"当代北京"的想象形态。

【精彩摘编】

一、人文三里屯：城与人

主要涉及历史文化空间，关照空间地理上建筑文化这一"城市景观"，包括从"公馆"到"胡同"双重文化的共融，从"四合院"到"社区"生活景观的变迁，考察三里屯街区的风俗民情，描绘时间潮汐中的城市众生相，从而关照三里屯居民生活空间的变化，增强人民的情感凝聚和身份认同。目前三里屯太古里等现代建筑颇具特色，但也不应忽视代表了京味儿特色的胡同和四合院的建设与开放。

二、国际三里屯：城与语

主要涉及生活文化空间，包括从"商幌"到"牌匾"的变迁，从"标语"到"涂鸦"的共存，尤其是对街拍、涂鸦等行为语言表达的强调，通过微型语言文化景观探究三里屯在跻身国际时尚街区过程中的文化变迁，使其成为多元文化的交汇地，打造京味儿与国际范儿并存的北京街区样本。

三、活力三里屯：城与艺

主要聚焦新型公共文化空间建设，如主题沙龙、主题体验馆、潮流博物馆、时光博物馆等，勾勒三里屯当代城市艺术文化的风貌，从而使三里屯成为引领时尚风潮的风向标和汇聚率性潮人的理想国。也许未来，我们还可以引进更多的艺术活动，使三里屯占据前卫文艺的高地，与其国际范儿的定位相匹配。

四、创意三里屯：城与新

主要是发掘三里屯在城市文化空间的新的生长点，考察其现有的文化创意和未来构想，从而为未来文化产业的发展提供智力支持。包括文创产品、文化策展、文化旅游等项目的开发，使三里屯成为"新的流行元素、新的生活方式、新的态度主张"的创造机和引领者。

【建言解读】

建言提出要打造"人文三里屯""国际三里屯""活力三里屯""创意三里屯"，可见，三里屯未来的文化建设不应局限在浅层次的"随心购物、醉享美食、自在玩乐"的休闲文化建设上，而应该站位高远，致力于成为地域特色与国际风范、个性创意与时尚潮流、休闲娱乐与前沿艺术水乳交融的城市文化空间。

这不仅有利于三里屯自身的发展，同时对合理定位和打造首都文化，对全面建成社会主义先进文化之都，推动和完善北京作为全国文化中心的社会功能，树立文化自觉和文化自信有重要的意义。

未来三里屯特色文化街区建设应该从历史文化空间、生活文化空间、公共文化空间、创意文化空间入手，完善具象的文化空间形态的特征表现，挖掘表象背后的意义呈现，搭建城市文化空间表现之间的互动关联，赋予灵动的生活故事，激发文化创新力和生长点，多角度彰显文化景观的情感张力，再现北京、再现朝阳"历史与现代、传统与国际、个性与潮流"水乳交融的文化机制，从而在做大做好三里屯"文化名片"的同时，也为时尚文化群落的建设提供可借鉴的范本。

【延伸阅读】

　　2018 年 8 月 8 日，三里屯太古里迎来项目运营十周年庆，精心策划的"三里屯太古里十周年图片回顾展"于 8 月 8 日—9 月 8 日开放，以展现这座潮流地标十年来的理念、规划及发展历程。

　　因为随着城市发展及生活方式的转变，人们对于文化精神的需求越来越关注。但传统观念中国际时尚或艺术又过于高冷，博物馆、大剧院、时装周总是特定小众人群的聚集地，有些甚至曲高和寡。正是看到了这些瓶颈，使得"让艺术以更亲近的姿态走入生活"成为三里屯太古里"制造潮流"的宗旨。

　　三里屯太古里始终开创艺术文化消费体验之先河，一系列将艺术、时尚、零售、地产新型结合的展览和跨界活动，吸引了多方媒体及大众瞩目，给商业地产的发展空间带来更多思考。

张京湘：
塑造特色鲜明的夜经济
全面引导居民消费

【建言背景】

"十四五"时期是我国由全面建成小康社会向基本实现社会主义现代化迈进的关键时期。朝阳区政府提出统筹推进朝阳区"十四五"规划的相关课题，立足区域发展特点和优势，主要围绕朝阳区经济高质量发展、改善营商环境、促进消费升级等方面，要突出高质量发展这一导向，把新发展理念、高质量发展贯穿"十四五"规划始终，引导朝阳科学发展、可持续发展。

【精彩摘编】

一、真正为企业解决实际困难，提高办事效率。政府各部门在各项手续办理上开通绿色通道，要加快内部流转，争取一次办妥，为企业解决实际困难，提高办事效率。政务服务应联合各委办局进企业指导培训，让众多商户了解办理流程。要尽快建立和完善政府数据共享平台，推动"网上审批""互联网＋政务"服务的同时，加强线下和线上的融合发展，提高审批效率，增强企业获得感。

二、切实解决各项优惠扶持政策落地企业。对于政府出台的扶持中小微企业发展的各项优惠扶持政策应尽快落地，以保运营、保稳定，增强民营企业家信心。希望落实促进企业发展的各项优惠政策，政府应积极发挥工商联的作用，监督优惠政策的落实，解决政策落地"最后一公里"，给企业家带来信心。

三、塑造特色鲜明的夜经济，深入挖掘文化内涵，全面提升消费。朝阳区应依托国际化优势以及固有的文化底蕴，在发展经济的同时不断挖掘夜间时尚文化潜力，布局新的夜间经济商圈，使夜间经济将以不断扩大的趋势繁荣发展，通过"搭平台、办活动、优环境、塑品牌"等方式开通消费体验街区，提升商业区域的夜间美化，亮化形象，促进长时间、大商业区域上的消费意识，向夜间要销量，拉动城市消费新的增长点。

夜间经济

四、全面引导刺激居民消费。政府应出台长期刺激消费的政策，应针对商业项目、区域购物中心等实体经济综合体定向给予政策支持，扶持资金支持，发放消费券的支持，普惠民生。这样既能实现带动消费，又能创造市场活力，盘活区域经济发展。

五、减少不必要的检查督查，规范督查检查工作范畴，真正给企业减负松绑，减轻企业工作负担。

【建言解读】

"十四五"是一个很特殊的时期，建言深刻把握新冠肺炎疫情对全球格局、世界经济发展、生活方式带来的影响，结合朝阳实际，提出各项具有针对性的建议。一方面，疫情期间，从中央到市里都相继出台了扶持中小微企业发展的租金减免政策，但目前具体到实际中，政策落地"最后一公里"尚未完全打通，企业并没有真正享受到政府的优惠扶持政策。建言深入企业发展面临着问题，提出"各项手续办理上开通绿色通道""尽快建立和完善政府数据共享平台"等建议，意在提高审批效率，增强企业获得感。另一方面，针对夜间经济和文化消费方面，建言突出了以人民为中心发展思想，关注人民群众所想、所求、所盼，提出"布局新的夜间经济商圈""发放消费券的支持"等建议，既注重满足居民新的消费需求，又能创造市场活力，促进朝阳区消费升级、经济发展。

【延伸阅读】

2020年的新冠肺炎疫情对文艺演出、影视剧院、会展、旅游、实体书店等文化行业企业带来了较大影响。在疫情防控常态化形势下，为帮助文化企业渡过难关，助力文化企业快速复工复产，朝阳区积极贯彻落实中央、北京市疫情防控的各项部署，按照"六稳""六保"要求，坚持综合施策、多措并举，统筹推进疫情防控和全面复工复产达产工作，持续加大政策支持和精准服务力度，全力保社会民生、稳岗就业，提振企业发展信心，帮助企业渡过难关。

朝阳区积极落实北京市"房租通"等政策惠企政策，切实减轻疫情对中小微企业生产经营影响，对符合条件的小微、初创型文化企业给予房租补贴，助力企业渡过难关。通过线上线下政策宣讲等方式，指导和服务文化企业开展申报工作。朝阳区共有487家文化企业获得市"房租通"政策支持，占全市的52%，获得支持额度5443.79万元，约占全市的57%，均位于全市首位，有力支持了企业在疫情期间稳定发展。

在区级层面出台了《关于支持企业应对新型冠状病毒感染的肺炎疫情稳定发展的若干措施》《关于落实北京市政府办公厅进一步支持中小微企业应对疫情影响保持平稳发展若干措施的通知》。其中，鼓励支持文化产业园区在疫情期间为驻园中小微企业减免租金，对执行该政策的园区，经认定后，按减免金额的30%给予园区运营单位最高不超过100万元的一次性奖励支持。2020年上半年，朝阳区73家文化产业园区已为1967家企业减免房租1.62亿元。同时，朝阳区通过文化产业发展引导资金政策，大力支持企业复工复产达产，共给予296个企业（项目）1.32亿元支持。聚焦疫情期间企业融资难、资金周转困难等问题，朝阳区依托中小微企业金融综合服务平台，为企业提供综合金融服务方案，2020年上半年成功帮助1700余家企业融资60亿元。

张志雄：
推进朝阳区
乡村旅游业持续发展

【建言背景】

乡村旅游作为一项朝阳产业和富民工程，对于促进农民增收、统筹城乡发展、促进产业融合和美好乡村建设有着积极的作用。经过多年的发展，随着美丽乡村建设的全力推进，基于良好生态基础发展起来的朝阳区乡村旅游整体上已进入全面发展、提档升级的关键阶段，乡村旅游业发展虽然潜力巨大，但开发效益不明显。

【精彩摘编】

一、结合朝阳区实际情况，认真落实文化和旅游部等 17 部门联合印发的《关于促进乡村旅游可持续发展的指导意见》，全面提升乡村旅游的发展质量和综合效益。

二、对各地乡村旅游的开发工作提供指导并实施监督。确保旅游开发合理有序地进行，避免重复建设，实现"差异化发展"。充分发挥优势、整合资源，通过乡村旅游推动农村景区化、农业现代化、农民多业化、资源产品化，实现利益共享、城乡共赢。

三、挖掘文化元素，增添乡村旅游业活力。要深层次挖掘村庄文化元素，提升村庄的文化内涵。要充分利用旧建筑、古民居、老祠堂、农耕文化元素等，搞好历史文化遗址的保护与开发；要传承好历史文化，挖掘整理非物质文化遗产、历史文化、民间传说等，把故事讲好、讲生动；深入挖掘手工制作工艺，推进手工艺品向文化商品转变。

四、推进乡村旅游业品牌化发展。在塑造朝阳区乡村旅游业品牌的过程中，要充分挖掘、利用朝阳区传统的优势农业和生态环境禀赋，融合区域社会历史、产业传统、民俗节庆和农业文化，借助主题创新、经营创新、景观创新、产业融合创新、活动创新，在保持村镇原有特点的同时辅之以淳朴民风、风情民俗、田园风光，开展乡村度假游、田园风光游、新农村餐饮住宿、民俗体验等内容，推动朝阳区乡村旅游业转型升级。

五、坚持和谐共赢的经营模式，创新社会资本参与方式，加快发展壮大市场主体。引导金融机构依法合规创新金融产品和服务模式，扩展乡村旅游经营主体融资渠道，在防范风险的前提下降低融资条件和门槛，服务乡村旅游发展。建议应通过税收优惠、财政补助等手段，大力引导和支持社会资本以及各方面力量参与乡村旅游发展。

六、加强服务体系建设。要健全观光休闲农业和乡村旅游业的法律法规，探索对乡村旅游中的食、住、行、游、购、娱等出台规范标准，实行规范化管理和标准化经营。

七、加强宣传推介，提高乡村旅游知名度和影响力。充分借助广播、电视、微信平台、"互联网+"、数字媒体等现代科技手段整体宣传促销，通过网络宣传营销、开发精品线路、举办各式节日休闲活动等多方面拓宽渠道，不断加大宣传深度、广度和力度，从而提高乡村旅游的知名度和吸引力。

【建言解读】

建言提出，"结合朝阳区实际情况，认真落实文化和旅游部等17部门联合印发的《关于促进乡村旅游可持续发展的指导意见》，全面提升乡村旅游的发展质量和综合效益"以及"旅游主管部门应对各地乡村旅游的开发工作提供指导并实施监督"，有利于强化对朝阳区乡村旅游的强化规划引领，促进乡村旅游向市场化、产业化方向发展。在朝阳区乡村旅游的规划建设中，要深入挖掘文化元素，形成一批形式多样、特色鲜明的乡村旅游产品，不断增加全链条旅游消费的新业态新产品的供给能力和水平，打造具有地方特色的观光休闲农业和乡村旅游业品牌，建言立足于乡村旅游发展规划要符合当地实际，注重强化乡土风情、乡居风貌和文化传承，以实现"以游助农，以农促游"，实现农业与旅游的无缝化对接。

【延伸阅读】

文化和旅游部等17部门联合印发《关于促进乡村旅游可持续发展的指导意见》（以下简称《意见》），全面提升乡村旅游的发展质量和综合效益。

《意见》提出，从农村实际和旅游市场需求出发，强化规划引领，完善乡村基础设施建设，优化乡村旅游环境，丰富乡村旅游产品，促进乡村旅游向市场化、产业化方向发展，全面提升乡村旅游的发展质量和综合效益，为实现我国乡村全面振兴做出重要贡献。

《意见》指出，乡村旅游是旅游业的重要组成部分，是实施乡村振兴战略的重要力量，在加快推进农业农村现代化、城乡融合发展、贫困地区脱贫攻坚等方面发挥着重要作用。

《意见》明确了促进乡村旅游可持续发展的五项措施，包括加强规划引领，优化区域布局，促进乡村旅游区域协同发展；完善基础设施，提升公共服务，改善乡村旅游环境，促进乡村旅游便利化；丰富文化内涵，提升产品品质，丰富乡村旅游产品类型，提高乡村旅游服务管理水平；创建旅游品牌，加大市场营销，培育构建乡村旅游品牌体系，创新乡村旅游营销模式；注重农民受益，助力脱贫攻坚，探索推广发展模式，完善利益联结机制。《意见》还明确了推进乡村旅游可持续发展的保障措施，包括完善财政投入机制、加强用地保障、加强金融支持、加强人才队伍建设。

霍超：
推动文化三里屯改造升级
助力国际文化交流中心建设

【建言背景】

三里屯经过改革开放 40 年来的发展，在商业经济、时尚文化、国际化等领域都积累的丰富的资源，在建设国际文化交流中心区方面，具有得天独厚的禀赋，在北京市乃至全国都有着不可比拟的优势。文化三里屯"的建设内容，需要从文化产业类型、文化格局搭建，文化基础设施建设等多方面着手，从顶层进行设计。

【精彩摘编】

一、提高站位，组建高层领导协调机构。北京市或朝阳区组建专门的"文化三里屯"建设工作领导、协调机构，由北京市或朝阳区的有关领导挂帅领导、协调各相关部门研究、开展"文化三里屯"建设的相关工作。发改委、文创办、文旅局、外办、国资委等相关部门参与此项工作。

二、开展对"文化三里屯"的顶层战略规划。第一，在空间范围上，确定以三里屯为核心，还应包括呼家楼、朝外、麦子店、左家庄等辐射衍生地区，形成大文化圈。第二，从内容定义"文化三里屯"为国际、年轻、时尚、潮流的多元文化地标，设计成以三里屯文化为核心的文化板块。第三，应搭建国际多元经济、文化格局，配套相应的基础设施建设。第四，以艺术/美术为主题，打造成为高端艺术交流、国际收藏、高端拍卖、国际艺术展览目的地。第五，以时尚为主题，通过前述空间的综合利用，从单纯和简单的时尚设计师品牌店销售，进阶亚洲领先的时尚发布会首选地以至全球顶尖设计师汇集地。

三、提升文化园区管理水平，引进专业管理团队。改变园区建设管理仅仅局限于物业管理的层面的现状，改造老旧园区，引进优质产业和业态。

四、提升三里屯地区文化品质与资源。增加区域内的影院、剧场等文化演出场所与公共文化空间，丰富文化场所的经营模式，增加各种演出的种类和规模。增加三里屯区域内具国际影响力的高品质文化活动。提升三里屯酒吧一条街的文化品质。开放社区文化空间，扶持艺术家集市，促进"互联网+文化"体验。

五、系统提升配套基础设施。加快迁移不适应文化三里屯环境要求的单位。科学改造升级交通环境，解决交通拥堵、停车难问题，增加夜间公共交通运载能力，配套夜间经济活动。加紧研究设计三里屯地区的"交通慢行系统"，优先保证人流通行。

六、进一步深入推进三里屯餐饮经济+文化产业繁荣发展，保证员工餐饮场地，提升三里屯上班人群的工作条件。

【建言解读】

现有的三里屯文化在40年的改革开放实践中自发形成，缺少国际先进理念的指导和专业的设计。建言明确了"文化三里屯"建设工作的意义和定位，从创造首都新的经济增长点的高度来把握"文化三里屯"建设工作的意义。

建言明确了"文化三里屯"建设工作顶层设计规划的重要性，提出应当吸收国际化或者别的地区优秀经验，寻求专家团队提供支持，建立较高层级的统筹协调机制。

针对文化园区设施陈旧、业态混杂、缺乏专业管理团队运营的问题，建言提出要提升文化产业园区管理、服务的专业化程度，考虑更多的文化业态，对促进引入文化产业、打造文化品牌方面有积极意义。针对基础配套设施不完善的问题，提出"科学改造升级交通环境""丰富文化场所的经营模式"等建议，将对推动能尽快提升三里屯地区的文化品质产生良好效应。

【延伸阅读】

1. "文化三里屯"的发展轨迹

第一阶段：文化自我发展阶段，指改革开放之初对外经贸交流阶段，如对俄罗斯的贸易，结合使馆区的外汇交易等，主要以经贸为主，但没有形成规模化。

第二阶段：文化自立阶段，在20世纪80年代到90年代之前，通过改革开放，形成三里屯服装街、汽配街等自发的市场，形成对外经济模式。

第三阶段：文化自强阶段，三里屯是对外交流窗口。例如三里屯酒吧街成为展示我们对外开放的成果，成为旅游地。

第四阶段：从20世纪90年代后进入文化自信的阶段，特别是2008年后，三里屯经济＋文化随着太古里运营、周边整体配套的提升，形成了中国特色的国际时尚、年轻潮流。各国人都在这里与中国人交流、融入中国文化体系、体验中国的生活习惯，感受中国的国际化、时尚化、传统文化。

2. 三里屯街道办事处提升三里屯地区商业环境的各项措施

目前三里屯街道办事处正在制定三里屯商圈改造及夜间经济提升规划方案，包括：积极倡导商家延迟经营，推动夜间经济；重新规划设计交通设施，打通交通拥堵；实施三里屯灯饰亮化工程，让三里屯亮起来；将工体西段进行环境提升，优化绿化；积极引导产权方案，调整业态，增加信息消费和文化消费，引入更多的国际知名品牌，让三里屯更具有国际时尚。

3. 三里屯地区文化服务体系建设工作

三里屯街道办事处为推进辖区内的文化产业和文化事业工作，做了以下工作：

在朝阳区委、区政府的统一领导下，整治了脏街，将太古里南北区连通形成一条动线，并开始建设太古里西区。打造以太古里为核心的国际时尚文化金名片。

立足高端，打造顶级的文化产业链，设计"一河、一区、三园、一基地"的文化产业格局："一河"是指亮马河、滨河景观带；"一区"是指太古里国际时尚文化区，"三园"是指三个文化创意园即机电院文化创意园、工体体育休闲文化园、飞宇国际艺术园；"一基地"是指影视文化传媒基地。补短板、丰富地区服务设施和公共服务：建设了 3000 多平方米的三里屯街道文化服务中心，为每个社区都配备了文化活动室。下一阶段会继续建设公共文化活动空间。坚持举办以惠民为主旨的群众文化活动，树立文化品牌，如三里屯好声音，舞蹈季、演出季等的原创作品。

吴笑雄：
打造城市文化
夜间经济

【建言背景】

夜间经济是白天经济活动在时间和地点上的延伸，已成为衡量城市经济、文化与生活发展水平的指标。发展城市夜间经济不仅是完善"消费城市"功能的途径之一，也是调整经济结构、转变发展方式、提升城市经济的重要选择。

【精彩摘编】

一、在地标和商圈周边，做好地铁、公交服务保障，适当增加道路限时停车服务，鼓励出租车和网约车平台加强夜间车辆调配。

二、建立夜间经济风险防控机制。制定应急预案并组织演练，营造安全有序的夜间消费环境。

三、支持夜景亮化、美化工程改造提升，点亮夜间消费场景；完善夜间标识体系、景观小品、休闲设施、灯光设施、环卫设施、公共 Wi-Fi 及 5G 通信等配套设施建设。对于商家更关注的经营成本方面，政府也应当加大资金支持力度，对商圈商业设施改造提升、开展促消费活动等繁荣夜间经济的相关措施给予支持。

四、集中在文化创意产业发展主旋律打造城市夜间经济特色品牌，同时辅以商业服务业满足多元化需求，再不断完善公共设施与服务，激发消费者的多样化、多层次、全方位夜间消费需求。从而为城市发展提供更多的可能性。

【建言解读】

夜间消费本质上来说是一种消费升级。建言围绕市委、市政府有关促进夜间经济发展的指示精神，重点关注夜间经济的三个方面，对加快推进本市夜间经济发展，更好地满足人民群众品质化、多元化、便利化消费需求具有积极意义。

在交通方面，注重商圈的交通规划，能够减少所需夜间交通运营线路，将夜间活动的人流商户集中起来，减少商户的运营成本，提高销售额，并且能够最大化丰富消费者夜间消费体验。

在安全方面，通过"建立夜间经济风险防控机制，制定应急预案并组织演练，营造安全有序的夜间消费环境。"有效的防范和遏制夜间经济市场安全事故的发生，为广大市民提供一个安全健康的活动场所。

在环境方面，游客对夜间美景、夜晚活动、文化体验、夜市美食都非常青睐，通过对休闲设施、灯光设施、环境设施等的改造升级，带给游客更完善的文化体验。

【延伸阅读】

英国于1995年正式将发展夜间经济纳入城市发展战略，公开资料显示，仅在伦敦地区，2004—2016年，发展夜经济就创造了逾10万个新的夜间工作岗位，2017年夜间经济占全英国GDP的6%，同年伦敦市的夜间经济收入达263亿英镑，预计到2030年将达300亿英镑，伦敦的夜间经济已成为其第五大产业，发展至今已经形成成熟的运营模式，也蕴藏巨大的商业潜能，成为英国复兴城市、增长经济的新引擎。为了发展夜经济，伦敦市政府成立了夜间经济活动委员会，并设置一位夜间主管。在公共资源方面，伦敦市于2016年便开启了地铁通宵运营计划。

日本东京可谓是夜间经济发展的先驱，拥有涩谷、新宿、六本木、银座、池袋等商业中心，这些区域内不仅有大型综合商业设施，还有营业至深夜的居酒屋、酒吧、卡拉 OK、电影院、零售商店等，其中不少实体店铺 24 小时营业。为了舒缓一天工作中紧绷的神经，夜生活成为东京人的首选。为了配合夜经济的发展，在东京的电车、地铁等公共交通基本在凌晨 1 点左右结束运营。夜间经济不仅刺激了消费，也让很多东京人的工作压力得到舒缓，同时也成为人们联络感情的重要方式。

武智涛：
打造朝阳区
"历史文化名片"

【建言背景】

《北京城市总体规划（2016 年—2035 年）》第四章第一节第 54 条"完善历史文化名城保护体系"中写道：推进大运河文化带、长城文化带、西山永定河文化带的保护利用；加强世界遗产和文物、历史建筑和工业遗产、历史文化街区和特色地区、名镇名村和传统村落、风景名胜区、历史河湖水系和水文化遗产、山水格局和城址遗存、古树名木、非物质文化遗产九个方面的文化遗产保护传承与合理利用。

【精彩摘编】

一、用好已有资源

万流朝宗牌楼、庆丰公园、乐家花园、日坛、东岳庙等是"文化中轴线"上的重要历史文化建筑，经过历史上的维修和建设已自成规模，有一定影响力。尤其以日坛、东岳庙为历史文化核心，形成日坛坛庙文化中心和东岳庙道教文化中心。

庆丰公园

二、解决存在问题

经调查，现在"文化中轴线"上的历史文化建筑存在部分资源被占用和挪用现象。在实际开发使用上没有真正发挥它们的文化影响力。

三、挖掘沿线资源

神路街西侧的日坛上街除了异域饮食文化，还应挖掘该地的文化、商业交流作用。依托临近大使馆优势，吸引国外旅行社、留学机构、文化创意产业在此集聚，形成"文化中轴线"上的文化产业中心。

四、建设地标工程

依托北京大运河文化带建设，可以考虑在庆丰公园或建华南路一带建设大通闸漕运博物馆，形成"文化中轴线"上的漕运文化中心。

五、创新文化产品

创新日坛坛庙、东岳庙道教、漕运文化等物质、精神衍生产品。发展非物质文化遗产衍生品和文创产品。

建言以"文化中轴线"建设为核心，主要从挖掘资源、利用资源、创新资源三个角度提出建议。建言提出要用好已有资源，如万流朝宗牌楼、庆丰公园、乐家花园、日坛、东岳庙等"文化中轴线"上的重要历史文化建筑；依托好北京大运河文化带建设，打造地标性漕运文化中心，能够有效提高朝阳区"历史文化名片"的影响力；打造好非物质文化遗产衍生品和文创产品，从而实现对传统文化资源的创造性转化和创新性发展，通过文创产品将传统文化融入人们生活的方方面面。

大通闸漕运码头（万流朝宗牌楼—庆丰公园—乐家花园）：元代修建大都城时，为了解决南方大运河通往大都城的漕运，由著名水利专家郭守敬主持疏通了大都城至通州的通惠河。明永乐十九年（1421年），永乐皇帝迁都北京，宣德七年（1432年）改建北京城，将通惠河圈入皇城中，城内不通航，遂改大通桥（东便门外）为起点，通惠河改称大通河。大通桥东是明清两代京城漕运的粮食码头，南方的漕粮通过北运河转通惠河至此。大通桥头建有中转粮库，再通过驳船运至朝阳门，或者由大车运到京城各处。而"万流朝宗"牌楼就建在大通桥码头故地。从东便门大通闸往东，便是庆丰闸，在明清时曾"柳暗花明又一村"，商业繁华、游人如织，是十分热闹的地方。北京市朝阳区双井街道通惠河南岸庆丰公园西园内，是"同仁堂"乐氏家族的一处郊外花园。区文物主管部门对该处建筑进行保留，将其列入第三次全国文物普查新项目。

日坛：明嘉靖九年建。明清二代均于每年春分日遣官致祭，清制遇甲丙戊庚壬年由皇帝亲祭。日坛围以红墙，西向，嘉靖九年建。台制一成，春分之日祭大明之神（即太阳）。《天府广记》载："祭用太牢、玉礼三献，乐七奏、舞八佾。甲、丙、戊、壬年，皇帝亲祭"。2006 年 5 月 25 日，日坛作为明至清时期古建筑，被国务院批准列入第六批全国重点文物保护单位名单。

东岳庙：东岳庙位于繁华的朝阳门外大街，始建于元代延佑六年（1319 年），主祀泰山神东岳大帝，是道教正一派在华北地区最大的宫观，具有元、明、清三代建筑风格的古建筑群，是全国重点文物保护单位。历史上的东岳庙为国家祀典之所，民间祭祀活动则更为盛大。庙内现存的大量碑刻，是研究民间信仰及其群体结构的重要史料，其中元代大书法家赵孟頫所书《道教碑》具有极高的艺术价值和史料价值。

于海鹏：
打造"文化朝阳"理念

【建言背景】

党的十九大报告提出了新时代文化建设的基本方略，可以概括为四句话：明确了文化建设在中国特色社会主义建设总体布局中的定位；提出了新时代文化建设的目标；指出了新时代文化建设的着力点；提出了新时代文化建设的基本要求。

【精彩摘编】

一、从精神层面着手，倡导"文化朝阳"理念，扎实做好文化这篇大文章

第一，倡导"文化朝阳"理念；第二，建设特色各异的主题城市文化；第三，老城新城协同发展。

二、用科技改变文化体验方式，利用互联网及产品传播弘扬正能量与主流文化

第一，从传承弘扬和传播推广两个维度着手；第二，吸引高层次的知识人才；第三，鼓励传统文化经营管理单位积极入驻优势互联网平台，研发并推出一批游戏、

动漫、短视频、影视等适应互联网传播规律的产品。

三、留住历史记忆，传承弘扬传统文化的同时，加强传统文化与国际新文化的融合发展

加快推进互联网文化产业的供给侧结构性改革，专项扶持驻区专业性较强、以知识传播为主要业务的互联网企业，鼓励他们积极从事传统优质文化资源的深度挖掘，围绕传统文化与国际新文化融合发展方面研发出一批高质量的知识化互联网产品和内容。

四、打造"文化朝阳"理念，弘扬朝阳行政文化

作为首都的一个行政区，积极塑造和倡导勤政文化、廉政文化、制度文化是树立形象、提升公信力的重要组成部分，也是城市管理的关键环节。

【建言解读】

梳理"文化朝阳"理念，一方面有利于针对性地加大对文化产业在资金、政策、环境的扶持，另一方面也有利于通过已经形成产业模式的企业，倾斜性支持其发展，树立为行业、国家的产业典型，形成形象力。

文化与科技融合，通过奖励、激励的方式，鼓励创作者主动植入朝阳文化场景和文化要素，以喜闻乐见的形式，让公众尤其是年轻群体在娱乐休闲的同时，潜移默化地接受和感知朝阳文化，不断提升他们对朝阳文化的感性认识。

传统文化与国际新文化的融合，能够提升文化消费水平，为具有一定综合素质和消费层次的用户，提供专业化、定制化，有深度、有内涵的优质文化内容产品，推动传统文化在互联网上快速实现从认识向知识的跨越，在引导互联网文化消费升级的同时，带动一批高素质的人群积极传承和弘扬传统文化，并让传统文化插上国际新文化潮流的翅膀，走向世界。

行政管理文化包括行政管理部门的指导思想、价值观念、奋斗目标、纲领路线、思维方式、制度习惯等。通过努力建设，未来将在全国形成看政府效率，来北京朝阳；看官员廉洁，来北京朝阳；看管理规范，来北京朝阳的行政管理风尚。

习近平总书记在阐述"四个自信"中指出："文化自信是更基础、更广泛、更深厚的自信，文化自信是最根本的自信。"2016年，北京正式发布实施了《"十三五"时期加强全国文化中心建设规划》，为未来五年内的全国文化中心建设描绘了发展蓝图。继续深化全国文化中心建设，是落实首都城市战略定位、推动首都社会主义文化繁荣兴盛的重大战略举措。全国文化中心看北京，北京文化发展的新思路、新经验、新变化看朝阳。多年来，朝阳区已经在北京乃至全国都成为文化发展的先锋，尤其是在公共文化服务建设及文化产业发展两个方面取得了较为突出的成绩。但是，对于"文化发展"这篇大文章，朝阳还有很多提升的空间，也还面临一些挑战，如在利用前沿科技保护历史文化的同时，如何创新文化传播方式；历史文化的传承与新文化融合之惑如何解；文化发展与科技融合存在的差距如何缩小等。

第五章

提升文化品牌
营造国际朝阳

何深思：
打造国际影响力品牌
推进朝阳区
文化产业升级

【 建言背景 】

依据首都"四个中心"的城市战略定位，近年来，朝阳区将文化中心的建设列为全区发展的主要目标，并取得可喜成绩。经过几年的推进，朝阳区文化产业已进入一个关键时期，寻找突破、实现产业的整体升级，是目前及今后朝阳区文化产业必须及时面对和解决的问题。

【 精彩摘编 】

一、明确树立质量第一的品牌理念

定位于发展有国际影响力文化品牌，首先需要方向明确坚定且各方达成共识，其次需要政策法规扶持激励，一致向高质量产品的倾斜靠拢，最后还需要足够的耐心，遵守文化品牌的成长规律，扶持其最终开花结果。

二、人才建设是优质文化品牌创立的核心要务

在创作者的积淀期，需要耐心等待，不能揠苗助长，避免功败垂成，同时还要提供基本生活需要，使其心无旁骛地专心积累。在上升期，要提供充足的前沿信息、交互通道和切磋平台，使其设计和思考得到及时不断地完善和升华。在创作者的成熟期，要提供完备的承接条件和制作环境，使其创作顺利形成文化产品。在创作者的休整期，要提供丰富的头脑资源和社会体验，继续不断补充、滋养、恢复和提升其创造能力。

三、提供全面完善的政策法规和管理服务

有必要追踪文化产品的制作过程，逐一制定出全面完善的政策法规，并提供优质的管理服务，使文化创作顺利形成产品，最大限度地使文化产业减少在这些方面精力损耗和后顾之忧，全神贯注打造优质文化品牌。

四、培育欣赏高水平文化产品的消费市场

加大高雅优质文化产品的宣传推广力度，用大量评论和展示引导公众尝试和接触高端文化产品，通过优质产品的高端消费形象，使欣赏这类产品成为一种引领时尚的标配。

【建言解读】

打造优秀的国际文化品牌，最核心的问题是文化产品的内涵要足够丰富和精彩。形成优质的价值观和自身个性并不容易，需要静心凝练和精心打磨。我们的问题，恰恰集中出在这里：首先是"急"，上上下下都很着急。所以，目前我们的多数文化产业品牌还一直徘徊在中低端水平。

打造优秀的国际文化品牌，产品的推广和营销环节至关重要。目前在文化品牌推广和营销中，有两个问题值得注意：一是文化企业自己承担品牌推广和营销工作，牵扯了大量主营业务的经历，而且品牌推广和营销的效果并不太好，二是有些文化企业品牌推广和营销工作，虽然也部分或全部交给专业人士打理，但是文化品牌的

营销和推广业务与其他商品有很大不同，有其自身特殊性。

打造优秀的国际文化品牌，知识产权的保护是关键问题。知识产权的保护是各行业共有的一个难题，对于文化企业尤为突出。文化产品的创作具有环节复杂和无形化的特点，这些特点，给文化产品的知识产权保护造成了更多更大的困难。

田凤银：
以长城为元素在"一带一路"沿线国家进行文化艺术交流讲好中国故事

【建言背景】

　　首都北京城市战略定位是全国政治中心、文化中心和国际交往中心、科技创新中心。2015 年年底，北京市正式提出三个文化带，即长城文化带，大运河文化带，西山永定河文化带的建设目标。长城作为中国的名片，世界文化遗产，更要发挥独特的国际交往功能，以通俗易懂的艺术交流形式，讲好中国故事，让更多的国家了解长城，了解中华民族的历史，了解中华民族博大精深的文化，增进"一带一路"国家文化艺术交往和友谊。

【精彩摘编】

　　朝阳区以长城为元素，与"一带一路"国家文化艺术交流具有重要意义。朝阳区是首都一个重要文化艺术大区，聚集了一大批优秀的油画家，所以应成为国际交往的先行者，以长城为元素，以艺术交流形式，与"一带一路"国家进行文化艺术交流，讲好中国故事，增进中国与各国人民的友谊，促进经济文化的发展，具有特别的意义，更能体现朝阳文化大区和北京"国际交往中心"的功能。

【建言解读】

2019 年 8 月 20 日，习近平总书记在甘肃考察，在嘉峪关听取工作人员的汇报时强调："当今世界，人们提起中国，就会想起万里长城；提起中华文明，也会想起万里长城。长城，长江，黄河等都是中华民族的重要象征，是中华民族精神的重要标志"。所以，长城不仅是中国的名片，更是中华民族精神的象征。此前，国家文旅部以中国四大名山：泰山、黄山、峨眉山、武夷山为元素，让画家创作作品，在"一带一路"国家巡展，以画展的形式宣传四大名山美丽风光，得到了国外友人的认可和赞许，取得了非常好的效果。长城作为具有中国特征的标志性建筑，在国际上拥有更高的辨识度。因此，以长城为元素进行艺术作品的创作，不仅能够促进形成中国的文化 IP，而且可以通过以点带面的方式，加速中国文化符号"走出去"的步伐。

【延伸阅读】

国家发展改革委区域开放司原司长赵艾表示，"十四五"期间，需要继续深化"一带一路"合作，第一需要坚持"共商、共建、共享"的原则，坚持绿色、开放、廉洁的理念。

第二，要深化务实合作，加强安全保障，促进共同发展。特别是在推进基础设施互联互通上，还要进一步加大力度，拓展第三方市场合作的渠道。

第三，进一步构筑互联互赢的产业链和供应链，深化国际产能合作，扩大双向贸易和投资。以企业为主体，市场为导向，按国际惯例和债务可持续原则办事，健全多元化投融资体系。

第四，推进战略规划和机制的对接，加强政策规则和标准的联通，这就是我们所说的"软联通"。从高水平对外开放的角度来讲，这就是制度型的开放。在"一带一路"沿线国家，过去我们侧重商品和要素流动性的开放，下一步要重点倾向制度型的开放，这对于深化"一带一路"建设至关重要。制度型的开放，需要规则、规制、管理和标准的对接，是更深层次的开放。

第五，当然还要推动绿色发展与数字经济建设，促进同沿线国家的人文交流与共同抗疫合作。

总而言之，希望在"十四五"期间，通过共同努力，把共建"一带一路"打造成合作之路、健康之路、复兴之路和增长之路。要推动世界的共同发展，尤其是"一带一路"沿线国家的共同发展，为构建人类命运共同体做出更大贡献。

李红：
借助民间公益组织力量
推动中华文化"走出去"

【建言背景】

朝阳区是对外交往和文化交流的重要阵地，但民间公益组织在推动中华文化走出去方面的力量不容小觑。朝阳区不但有全国首个国家文创试验区、上万家文创企业和近百家上市公司，还有大量外国使馆和跨国企业、外国在华居住人员。近年来，一批协会、基金会主动参与举办中外文化交流活动，展示中华传统文化，得到了社会各界的认可。然而，朝阳区民间公益组织在推动文化走出去方面发挥的作用与本地拥有的外交、文化资源还不相适应，未能完全满足公共外交和经贸、文化交流需要。

【精彩摘编】

一、设立民间公益组织参与中华文化走出去的沟通平台

推动宣传、统战、民政、商务、文化、外事、扶贫、侨联等部门及人大、政协相关委员会设立民间公益组织参与文化走出去的沟通平台；建立朝阳区捐赠企业、定

点扶贫地区文化机构和民间公益组织的信息库，支持民间公益组织与政府机构、参与公益活动的企业、文化机构，以及外国驻华机构、企业、知名人士之间建立有效的沟通渠道。

二、提升民间公益组织的中华文化海外传播能力

支持民间公益组织与朝阳区的大学、研究机构、文化传播机构和媒体企业加强协作，结合国家重大战略、国际关切和百姓关注的焦点问题深入挖掘中华文化内涵，加快形成清晰易懂的当代中华文化价值理念。拓展民间公益组织的文化推广渠道，利用重大外事活动、重大节庆、重要节展赛事等契机，积极推动民间公益组织参与举办有影响有分量的配套文化交流活动，加大文化传播力度。

三、建立民间公益组织参与文化走出去的政策支持体系

落实好公益性捐赠支出企业所得税税前结转扣除等税收优惠政策，对支持公益活动效果突出的企业给予一定比例的税收返还。通过财政奖补、低价或免费提供场地等多种方式支持民间公益组织参与中华文化走出去的项目与活动，打造一批慈善文化交流知名品牌。支持驻朝阳地区的各类媒体加大对民间公益事业的宣传力度，及时总结典型案例和亮点，推广民间公益组织推动中华文化走出去的成功经验。

社区服务中心组织的书画摄影大赛

四、加强对民间公益组织的培训交流

由政府部门牵头，其他相关部门参与，每年定期举办公益组织慈善法讲座、公益组织运营竞争力培训班、"以朝阳为支点，推动中华文化走出去"研讨培训班，开展座谈、交流、考察等活动。

五、加强对朝阳区民间公益组织人才的管理培养及储备

对推动中华文化走出去发挥重要作用的民间公益组织及个人给予表彰奖励；建立朝阳区公益人才储备库，把有突出贡献的公益人才名单收录在案，希望通过政府的组织行为，让这些优秀人才与政府部门密切联动，在完成公益组织自身工作之外，担当更多的社会使命，成为传帮带的种子人才。

【建言解读】

随着我国整体实力大幅提升，世界范围内的中华文化热持续升温。借助民间公益组织的力量推动中华文化走出去，有利于降低文化传播的敏感度，畅通中华文化"走出去"的渠道，增强国际社会对中国道路、理论、制度、文化的认同感，扩大中华文化的影响力和感召力。民间组织通过群众性活动的举办，可以有效地推动中华文化的国际传播，但囿于非专业性和缺乏相应支持，难以持续开展活动并形成大范围的积极影响。因此，要完善民间组织的体系化建设，进一步挖掘民间公益组织的文化传播潜力，在朝阳区培育更多中华文化海外传播的本土力量。

【延伸阅读】

朝阳区积极推动文化"引进来"和"走出去"，加强国际文化交流。"漂亮的兵马俑"先后赴欧美等 9 个国家展出，受到国际友人的热烈欢迎和高度赞扬。"潮流音乐节"、北京 9 当代舞团等参与多项国际大型文化交流。此外，朝阳区还连续五年举办北京朝阳"悦动高雄悦动屏东"社区大舞台活动，加强两岸文化交流。

据介绍，截至 2019 年，朝阳区共推荐评选出 110 个基层文化品牌和 73 个后备品牌，通过品牌活动树立地区文化自信，增强地区文化内核。朝阳区文化品牌建设在创新中发展，也得到了越来越多群众的认可与参与。

李继泉：
借鉴国际城市文化发展经验
推进朝阳区成为国际文化都市核心区

【建言背景】

朝阳区作为北京推进文化中心建设的承载地，不仅拥有丰富的文化资源，也具有国际化发展的先天条件。因此，借鉴国际城市文化发展评价指标提供的城市发展经验，积极推进朝阳区成为国际文化都市核心区，持续推动北京城市发展目标的实现，具有重要意义。

【精彩摘编】

一、确立"文化＋国际化"发展模式、打造"创新型、智慧型、包容型、开放型"国际文化形象名片，推动自身发展成为国际文化都市核心区，提升朝阳区乃至北京市在全球范围的知名度和影响力。

二、营造全民参与氛围，应鼓励民众参与文化创意城市建设，培育文化多样性的和城市文化的包容性，逐渐形成文化创意产业发展从资源市场引导到生活引导的转变。

三、完善文化产业资金支持体系，建立多元化的投融资体系，强化政府和社会资金支持力度，促进各类文化产业部门快速发展。打造多个区政府引导型文化金融服务平台，创新信贷产品和服务方式。加大自主创新项目资金扶持力度。

【建言解读】

城市文化指标体系研究有三个视角：一是关注世界城市的发展指标研究，这一类指标侧重对经济发展指标的评测。二是关注文化及相关产业体系的指标研究。三是关注创意城市指标体系的研究。在世界各国城市的发展过程中，文化竞争力是提升城市形象和知名度的独特能力，是获取可持续发展资源的必要能力。而创意城市已经成为国际文化大都市优先发展目标，是全球城市变革的动力。文化创意产业具有融合性强、附加值高、环境友好等特点，对于促进消费、扩大对外贸易、增加就业、增强社会凝聚力具有积极意义。因此，朝阳区在努力建设成为国际文化都市核心区城市时需考虑如何将文化资源转为文化资本，即如何通过思维智慧和产业化经营实现传统文化的经济效应。

【延伸阅读】

2020年北京市首批融合发展文创园在朝阳区挂牌成立，包括郎园Vintage、798艺术区等10家。文化事业和产业融合发展，让这些文创园深度融入城市。

朝阳区是北京市的文化大区，文化机构数量和文化产业产值均居全市之首，也是全国唯一的国家文创实验区所在地。突破藩篱，先行先试，全区已有94家文创产业园投入运营，到2020年年底，园区数量将达到100个。

近年来，越来越多的文创园不再大门紧闭，而是敞开怀抱举办各种公益活动，向市民提供丰富的文化选择。就拿东长安街畔的郎园Vintage文创园来说，依托园区中的虞舍演艺空间、兰境艺术中心、荟读空间等，每年举办500余场文化活动。坐落在三间房地区的懋隆文化产业创意园则成了中小学生的非遗大课堂，每年的大讲堂、非遗展、艺术节等活动都会吸引超4万人次参与。

李燕梅：
进一步提升
朝阳区国际化社区
文化影响力

【建言背景】

朝阳区的国际化社区建设起步于麦子店街道，随着 2017 年《关于推进首都国际人才社区建设的指导意见》和《朝阳望京国际人才社区建设实施方案》的出台，望京、东湖等地的国际化社区建设也正式启动。朝阳区在国际化社区文化建设，紧扣中华传统文化的传承和发扬，特别注重春节、端午等中国传统节日文化的宣传推广，取得了一定的成就。

【精彩摘编】

一、加强语言培训，减小沟通障碍

在国际化社区建设中，要以日常交流沟通为目标，采取多种形式进行中外居民及相关人员的语言培训力度，针对不同类型人群开始多样性的培训方式，促进语言能力提升与文化交融同步推进深入。

二、拓展交流平台，增加交流力度

为了能够使不同年龄层次的普通居民都有机会参与中外文化交流活动，首先在活动组织方式上要进行拓展，有条件的社区可以引入专业的文化活动组织机构，搭建介于街道和社区之间的第四种规模和层次的交流平台，开展更具吸引力的活动形式。

三、改善硬件环境，强化环境育人

在国际化社区的发展建设过程中，各项环境设施的建设要充分考虑文化的融入和衬托，要立足于"大社区"理念，让身处其中的所有人平等的享有发展成果，惠民利民。

四、注重人文基础，夯实文化底蕴

在中国居民的素质提升方面，主要着力点在于文明习惯的养成和文化涵养的提升。在外籍人素质提升和行为约束方面，一是加强"洋"雷锋、"洋"老师等志愿者队伍建设，让外国友人成为"主人翁"，以外管外，优化外籍人管理。二是从顶层建立社区和辖区派出所。此外，应注重国际化社区中海归、高级知识分子等高端人才的关注度。

五、整合优势资源，提升品牌知名度

在功能设置方面，可以将条块相结合，将精细化治理、精细化设计融入国际化社区的每一个角落，形成"既实用又耐看"的街区，总体上使区域布局更加清晰，功能定位更加明确，每个条块都具有突出的功能特色，站位于首都文化地标的高度打造不同类型的文化品牌，全面提升国际化社区的文化影响力。

【建言解读】

"文化中心"是首都城市战略定位的四个中心之一。北京市委书记蔡奇在调研中要求，朝阳区要重点抓好文化、国际化、大尺度绿化这"三化"，实施好"文化＋"战略，提升产业发展能级，推进公共文化服务体系示范区建设。朝阳区国际化社区文化建设作为对外文化交流的一个重要方面，近年来的影响力虽然有所发展，但是还没有达到应有的高度，语言障碍、平台制约、硬件不足、人文基础薄弱、资源匹配不够等问题制约着朝阳区国际化社区文化影响力的发挥。

【延伸阅读】

作为首都国际交往的主要承载区和全市经济发展的主阵地，朝阳区紧抓机遇、超前布局，以"文化、国际化、大尺度绿化"为主攻方向，加快促进经济社会各领域高质量发展，全面推动自贸区建设，积极培育竞争新优势，争当高水平开放与高质量发展"排头兵"。在新版《北京城市总体规划》中，朝阳区被赋予"国际一流的商务中心区、国际科技文化体育交流区、各类国际化社区的承载地、创新引领的首都文化窗口区、大尺度生态环境建设示范区、高水平城市化综合改革先行区"的功能定位，为朝阳区的开放建设指出了重点和方向。

王臻：
发挥文化和科技创新
双轮驱动作用

【建言背景】

2014 年 2 月，习近平总书记视察北京发表重要讲话，明确了北京"全国科技创新中心"的功能定位。2016 年 9 月，国务院发布《关于印发北京加强全国科技创新中心建设总体方案的通知》，为北京下一步创新驱动工作指明了方向。2017 年 5 月，北京市召开以推进全国科技创新中心建设为主题的市政协议政会，会上郭金龙书记提出北京不仅自身发展要靠创新驱动，而且要力争成为全球创新网络的中坚力量和引领世界创新的新引擎。

【精彩摘编】

一方面推进科技融入文化领域，关注并大力支持人工智能、大数据、物联网、虚拟现实、高端显示、3D 打印等新科技创新发展，提升文化领域创新水平；另一方面，支持文化创意融入实体经济。发挥文化科技引擎作用，促进文化创意与制造、消费、金融、旅游、健康、体育等行业融合发展，赋予实体经济更丰富的文化内涵，有效提升经济发展质量。把中关村朝阳园和文化产业创新试验区有机结合起来，形成互动发展。

充分利用 2008 年奥运会文化遗产，把握 2022 年冬奥筹备建设机会，以全民健身和大众健康为主题，发展体育科技创新和体育文化创新，培养体育健康休闲、体育文化创意产业。发挥国际体育交往联络窗口作用，汇集国际文化体育资源，承办国际品牌体育活动，引进国际体育科技和体育文化传播企业。以奥林匹克森林公园为试点，打造以智慧奥森为试点的奥运文化科技示范基地。

【建言解读】

朝阳区国际化优势显著，国家文化产业创新实验区资源禀赋突出，科技创新应用活跃，聚集了一大批科技和文化相关的领军企业。在北京打造具有全球影响力的科技创新中心大的发展契机下，寻求文化与科技融合转型升级发展，既体现了朝阳既有的优势，同时也有助于同其他地区差异化发展。建设具有全球影响力的科技创新中心，必须树立全球视野，把握全球创新发展趋势特征。科技是创新的源头，"互联网 +"促进产业变革和产业转型升级，而文化则是科技进步和经济发展的引领。在朝阳区培育创新文化土壤，对于打造科技创新中心的建设具有重要意义。

【延伸阅读】

在 2020 年中国国际服务贸易交易会上，北京朝阳展区品牌企业云集。在文化科技方面，首个国家级 5G 新媒体传播平台央视频全面展示 5G+8K 等高新传播技术；知名科学文化传播企业果壳科技集中展示企业在科技传播、科技文创方面的新产品。在文化新消费方面，潮玩文创品牌企业泡泡玛特集中展示公司旗下系列知名潮玩 IP 品牌，并首次展出融入中国元素与传统文化的系列盲盒新原创产品。

朝阳区委宣传部相关负责人表示："近年来，朝阳区紧抓 5G、虚拟现实等新技术应用及文化科技融合发展趋势，大力实施'文化 +'战略，深入推进文化与科技、旅游等相关领域融合发展，涌现出一批文化科技、文化新消费领域的隐形冠军企业与领军企业，成为驱动朝阳区文化产业高质量发展的新动能。"同时，朝阳区还在"云上服贸会"展台准备了丰富多彩的展览展示内容。

周赢：
推进朝阳区
建成国际文化都市
核心区

【建言背景】

2017 年，朝阳区 CBD 及三里屯地区、望京及酒仙桥地区被北京市选定为国际文化景观区域和创意文化景观区域。2018 年，国家文化产业创新实验区文化金融服务中心落户莱锦文创园。2019 年，10 家园区被纳入了首批北京市文化创意产业园区名单。同时，文化创意产品也成为朝阳国际经贸的新兴要素市场。因此，推动文化产业理念创新、业态创新、模式创新、内容创新、服务创新，打造国际文化都市核心区，推动北京"四个中心"建设，将成为朝阳区未来的工作重点。

【精彩摘编】

一、打造创意文化硅谷

第一，注重引领与示范效应。第二，注重产业服务与支持，建立网格式企业信息管理系统。第三，注重高端人才培养。第四，注重品牌化、平台化建设。第五，注重文化创意产业与科技融合。第六，注重知识产权保护。

二、打造更高标准的国际会议会展中心

第一，提升会展市场化和国际化水平。第二，建构全球文化交流网络。第三，提升智库机构国际服务水平。

三、打造世界级文化休闲旅游先行区

深入实施"旅游国际化"战略，以旅游产品、营销、功能、服务、管理、环境六个方面国际化为切入点，全力打造世界旅游目的地。第一，提升旅游服务国际化水平软环境建设。第二，积极打造特色旅游IP。第三，推动更多健康向上的休闲娱乐业发展。第四，提升乡村旅游国际化水平。第五，打造"乐购朝阳"计划。

四、打造"CBD—定福庄"国际传媒走廊

"CBD—定福庄"地带是全市实施文化创新、科技创新"双轮驱动"发展战略布局中重要组成部分，应采用新思维、新技术继续提升这一产业集群的生产能力、国际化和品牌化水平。一方面，大力推进新技术在文化产业中的应用。另一方面，推动传统文化产业转型发展。

五、打造创意文化空间

第一，围绕朝阳区内通惠河河段，建立"艺术美食公园"。第二，整合图书馆资源，开办特色主题"创客微空间"。第三，利用城市商业综合体，开发创意文化空间。第四，推动朝阳区文创园区由功能单一的"产业集聚空间"向功能多元的"城市空间"升级。

【延伸阅读】

"十四五"时期，在公共文化服务方面，朝阳区将探索以"博物馆之城、阅读之城、艺术之城"为主线，以"日常化、身边化、品质化、多元化、数字化、协同化""六化"重点任务体系为支撑的公共文化服务发展的"朝阳模式"，进一

步优化"3+1"公共文化服务设施网络，力争到 2025 年，打造不少于 100 个"小、特、精"的基层特色公共文化空间，街乡文化中心达标率提升至 100%，社区公共文化空间形成文化馆、图书馆、流动美术馆、非遗传习所、艺术空间、博物馆"六大特色"产品体系。

钱晓瑾：
通过北京 CBD 国际文化艺术节
打造人文 CBD

【建言背景】

2018 年北京市地区生产总值超 3 万亿元，同比增长 6.6%，按常住人口计算，全市人均地区生产总值为 14 万元，进入发达国家水平。营商环境是一个地区经济发展重要的软实力，关系到招商引资，影响到经济能否可持续发展的活力与质量。随着首都经济进入高质量发展的阶段，北京市在推动减量集约、转换发展动力、优化首都功能、提升城市品质和增进人民福祉等方面取得积极成效，从中央到地方，都在积极推动制度创新、扩大开放，转型升级，以优化营商环境。

【精彩摘编】

朝阳区本身具有丰富的文化艺术资源，拟计划尝试通过举办 CBD 文化艺术节将朝阳区的文化资源转化为经济资源，提升现有营商环境的价值，带动 CBD 区域流量的提升、业态的丰富，以及品牌的升级。另外，不同于传统的艺术展示，CBD 文化艺术节，尝试建立一种新模式、新机制，利用互联网、自媒体等，充分利用和发挥传统文化艺术资源，使 CBD 内各类企业深度参与，为企业对接文化创意资源，在产品、品牌、营销、人力资源等相关方面，提供更加有效、有质的增值服务。

【建言解读】

作为一个契机，CBD 国际文化艺术节以市场化的方式探索一种模式机制，将企业的转型发展、高端人群的留存、文化资源活力的释放相结合，从整体上提升朝阳区的营商环境。北京 CBD 作为中国经济发展、改革开放的窗口，正在从提供商务服务、贸易交流平台，逐步向构建商务、文化、生活和谐一体的国际一流综合商务区域转变，未来将继续引领发展，成为时代经济文化发展的引领者和新坐标。朝阳区有望全面提升北京中央商务区的国际竞争力，成为北京对外开放高地，实现新北京国际交流中心、文化中心的重要功能。

【延伸阅读】

北京 CBD 一直将公共艺术作为提升区域品质的重要途径，在"温度和调性"上注重区域文化生态打造。推出 CBD 艺术计划，通过挖掘区域文化优势、鼓励创意性文化群体进行联动和传播，推出《2019 年 CBD 艺术地图》、线下筹办公共艺术季相关活动等系列措施丰富 CBD 公共艺术生态。

以 CBD 功能区为依托，建设和发展国际传媒文化创意产业集聚区符合北京市文化创意产业发展的整体规划和现实需求。朝阳区委区政府高度重视 CBD 集聚区的发展，把北京 CBD 作为文化创意重点发展的园区之一，强化北京 CBD 的国际传媒功能，将其建设成占领文化创意产业的前沿领域和战略制高点，推动朝阳区在北京市整个文化创意产业发展中占据领先地位。

屠新泉：
加强朝阳区国际化
区域文化影响力

【建言背景】

推进国际交往中心功能建设是落实首都城市战略定位的必然要求。"十三五"期间，朝阳区以"文化、国际化、大尺度绿化"为主攻方向，不断汇聚国际化高端资源，持续扩大对外开放，营造优质创业和生活环境，为北京国际交往中心建设做出了重大贡献。"十四五"期间，朝阳区应当继续加大工作力度，不断开拓进取，致力于打造高质量的国际化产业环境、高品质的国际化生活社区、高格调的国际化文化氛围，建设全国首屈一指、世界声誉卓著的城区典范。

【精彩摘编】

一、要充分发挥好北京自贸区建设的契机，大力度推进服务业扩大开放

利用自贸区建设契机，畅通国际人员往来和资金往来，积极扩大文化服务开放，大力开展国际文化服务贸易，建设全国性国际文化产业基地。朝阳区应当加强与北京市和国家相关部门的沟通、协调，本着打造透明、包容、公平的国际一流营商环境的精神，主动识别国内外监管体制差异，并在授权范围内实现规制协调。

二、要参考优秀全球城市标准，全面提高城市精细化管理水平，打造无死角、全方位的高品质生活社区

应当切实推进城市精细化管理，压实各基层单位属地责任和相关主管部门职责，制定朝阳区的街道或街区在基本硬件设施、环境质量、交通条件、社区配套等的合格标准，并力争在"十四五"期间做到朝阳区全境全部达标。

三、要在高质量的硬件基础上，充分发挥朝阳区文化产业优势和国际化资源优势，营造高格调的国际化文化氛围

朝阳区应当与区内外文化企业合作，以政府采购服务的形式来获得形式多样、创意丰富的公共文化服务，建设文化气息浓厚的特色街区，包括通过多种形式尤其是全球化社交媒体加大朝阳区国际形象的宣传推介。

【建言解读】

产业国际化是国际化战略的基础，只有丰富的国际化产业经济活动，才能支撑整个地区的国际化。朝阳区的城市管理和建设水平居于全国前列，并打造了多个样板国际化社区，达到甚至超过了部分优秀全球城市。而作为一个社会主义国家的优秀城区，在树立优秀标杆的基础上，更要做到普惠、公平。因此，应当切实推进城市精细化管理，在资源配置上要更倾向于补短板，锦上添花的工作要继续做，但雪中送炭的行动更加符合社会主义核心价值观的要求和广大人民群众的期待。

【延伸阅读】

朝阳区国际化优势明显，区内云集了全市近 100% 的驻华使馆，90% 的国际传媒机构，80% 的国际组织和国际商会，70% 的跨国公司地区总部，65% 以上的外资金融机构。朝阳区积极对标先进地区，围绕全球化招商、总部经济、数字经济、国际金融等 8 个领域，研究制定了《关于加快国家文化产业创新实验区核心区高质量发展的若干措施》，创新集群注册机制、自贸区落户企业标识机制，吸引项目落地，加速产业聚集，提升区域竞争实力。全面启动北京 CBD 全球招商体系建设，初步设立北京 CBD 全球招商联络点上海分站。2021 年以来，招商服务中心已经落地了 122 家重点企业。

邹游:
以服装为载体
促进国家形象建设发展

【建言背景】

国徽、国旗是国家形象的象征，但是关于服装方面的国家形象却一直没有统一的显现。从中国共产党 100 年的发展历程，到国庆活动，再到外交礼仪上对中国形象的重新梳理，这些重大国家活动中，服装都扮演了重要角色。

【精彩摘编】

第一，建议朝阳区设立专门的研究平台或机构，针对共和国整个服装的历史从图像到精神内涵加以整理，构建一个知识数据系统，为今后国家重大活动服装设计提供一个可落脚的参考点。

第二，建议区政府对此应该要有重视，首先政府相关部门能够展开对于政府形象的重视。通过服装这样一种礼仪系统的要件作为切入点，要有一种系统性的布局思考。

第三，政府部门中的每一个人也应该具有改变提升着装观念的意识，促进朝阳区政府、政协和北京服装学院联手打造一个研究平台，同时兼具宣传和普及教育的功能。此外，还可以跟北京市电视台合作，做一些有关中国传统服饰礼仪的节目等。让传统文化进入朝阳区内各机关，各个中小学，将自我提升意识输入国民生活中。

第四，建议联合创意园区，将研究的成果放到平台上去做一些展示，使其能够在中国国际时装周、大学生时装周等重要活动中得到进一步的宣传。

第五，建立起研究平台和区商委之间的沟通渠道，通过商委的组织协调能力，将研究的知识产权进一步做商业上的转换。

【建言解读】

在谈论美好生活时，我们希望能够从老百姓最直接的感受入手，而对于他们来说，穿得体面，以一种好的状态去示人，就是对美好生活最直接的回应。当个人形象代表了一个既定的组织，甚至代表国家形象时，就更不容被忽略和忽视。尤其在今天，强调文化自信、文化复兴的新时代，服装作为整个文明的外在体现，是承载民族文化最广泛的载体，拥有很强的影响力。因此，服装所存在的内涵应该具有一种强烈的历史底色。

中国现在已经是一个经济大国，从全球的政治战略来讲，是具有极强影响力的国家。"一带一路"、金砖会议等，都彰显了中国的大国风范。中国在全球事务、文化交流中扮演着重要的角色。此时，我们国家的领导人、政府官员，在特殊会议或是基本商务谈判时，着装成为极重要的展现自我形象，甚至国家形象的要件。因此，以服装为载体促进国家形象建设发展的提议就变得更加重要。

【延伸阅读】

习近平总书记在中华人民共和国成立 70 周年大会上谈道："庆祝活动是人民群众爱国主义精神的集中展示，要抓住契机，加强对人民群众爱国主义的教育和引导。庆祝活动体现了继承与创新的有机统一，要总结好做法好经验，用以指导今后的重大庆祝活动。庆祝活动为我们留下了十分宝贵的精神财富，要加强对这些精神财富的发掘利用,使之转化为亿万人民群众奋进新时代的强大动力。"那么,就在这样一种大型国家形象展示的重要历史时期,这样一些有纪念意义的日子中,一种集体性的、群众性的形象塑造就变得至关重要。在此时,对于服装形式同样提出了极为重要的挑战。既要符合中国的文化特质,同时还需要符合全球性的共同审美标准。

叶昊：
突出文化主题
提升郊野公园建设水平

【建言背景】

《朝阳分区规划（国土空间规划）（2017 年 –2035 年）》作为朝阳区要重点抓好的"三化"建设（文化、国际化、大尺度绿化）之一，提出要构建"两环六楔、五河十园"的绿色空间结构。以两道公园环（朝阳段）、六条楔形生态空间、五条重点河流及十个超大型公园为引领，其他河流绿廊和道路绿廊构成的绿色网络为衬托，共同构建"两环六楔、五河十园"的绿色空间结构。从整体体量来看，2020 年，朝阳区全年已完成新一轮百万亩造林绿化面积 9200 亩，建成 6 个城市公园、4 个郊野公园，新建绿道 11 公里。

【精彩摘编】

自 2007 年起，朝阳区先后建成 23 个郊野公园，总面积达到 2.3 万亩。随着北京市四个中心战略定位和特大城市管理要求的提升，特别是朝阳区在城市发展面临新定位的前提下，对朝阳区域内所属郊野公园要有新认识，要赋予新的功能，使之成为城市新空间、提升新阵地。

根据前期调研，我感到，朝阳区郊野公园建设上主要存在以下不足：第一，对未来郊野公园的整体属性和规划发展缺乏深度认识；第二，现有郊野公园的功能和实践活动与城市及市民的需求有脱节，缺乏调整的方向和手段；第三，现有项目和设施缺乏人文关怀和人文情怀；第四，精细管理程度不足。

针对以上问题，我们就"突出文化主题，提升郊野公园建设水平"提出如下建议：

一、明确整体规划原则

郊野公园应遵循"坚持生态优先、彰显自然特色、适应游憩活动、体现地域特点"的整体原则，以生态保育为前提，注重环境效应，促进自然生态修复和环境优化，整合农田、湿地、林地、水网等要素，体现当地文脉和自然野趣，科学组织游憩、休闲、健身、科普等多样化户外活动。

郊野公园应遵循"文化特色、开放空间、设施导向、主题园林、精细管理"的规划原则，按照经济要素逐步转向社会性和生活性要素的城市发展趋势，建立以游乐空间和设施景观为主要导向的发展方式，潜移默化地进行文化传播和科普教育。

二、突出文化主题特色

郊野公园与一般城市公园或旅游景区不同，文化更多体现在郊野公园给人的感觉，特别是设施和空间给人的感觉上。二者的好坏高低，将直接影响对郊野公园文化塑造的评价。需要注意三个方面的内容：

（1）从单纯文化景观塑造转变为提供文化休闲空间。

不要一味塑造能看的景观，应与文化享受、文化消费融合，打造文化旅游线路和特色文化旅游产品；不宜直接表现历史文化场景，应在设施和空间布局以及细节设计中体现文化导向和文化品位。

（2）在具体方案方面，树立"景观设施化，设施景观化"的观念。

设施是公园中不起眼的部分，但非常重要。座椅、垃圾箱、指示标牌、厕所、更衣室、寄存空间、无障碍设施、电烧烤台以及其他各种便利设施，更能体现公园公用、公园为民的精神。这些设施做好了，本身就可以成为公园标志物、旅游吸引物、景观提升物，成为"城市家具"和"城市小名片"，成为景观中不可或缺的部分。同时，在做园林绿化的同时，也应考虑强化功能，让绿色同时具备服务设施的功能。

（3）在具体方案设计时按照符合国际审美标准的方式进行传统文化表现。挖掘本土文化，表现北京和朝阳传统文化精华，需要采取能够让国际人群理解的方式进行表达，注意规划设计的艺术品位，注意换位思考，让国际人群既能理解又能接受，还会赞同我们的艺术和美学水准，使郊野公园成为体现国际水准、中国特色、朝阳韵味的文化展示平台。

三、结合绿地建设，塑造新文化空间

文化是城市精神和历史记忆的集中表现。朝阳郊野公园应结合城市绿地系统，打造文化绿地。

（1）有意识地在不同区段和地块规模栽种不同主题的植物，如银杏、柳树、松柏、海棠等，通过植入文化要素和文化主题，使之成为每个公园和地块具有独特意味的植物景观，成为重要的游憩节点，若干年后，成为新的文化标志，成为新的文化吸引物和文化表征。

（2）城市稼穑。恢复种植或选择种植一批朝阳历史上知名的果蔬或农业植物，形成小型都市农业景观，打造朝阳特有产品和特有品牌，形成地区历史记忆和新兴产业的结合。

【建言解读】

"十四五"期间，朝阳将继续完善"两环六楔、五河十园、多廊交织"绿色空间结构，结合疏整促和减量发展，统筹利用疏解腾退空间实施造林绿化，连接碎片化资源，构建平原地区大尺度森林板块。到2025年，全区林木绿化率达到31.8%以上，提升"一绿"地区城市公园环建设品质，形成朝南万亩森林公园等具有朝阳特色的大尺度城市森林公园景观。同时，继续推进"二绿"地区郊野公园环建设，打造大尺度近自然生态板块，强化生态屏障功能，让绿色成为城市发展的靓丽底色。"

【延伸阅读】

朝阳区审计局紧跟建设和谐宜居大美朝阳的步伐，围绕全区"大尺度绿化"发展目标，加大对郊野公园绿化养护情况的审计力度。以资金为主线，审查绿化资金分配、管理及使用是否规范、合理，评价资金使用的效益性，并利用航拍技术，结合历史资料，运用大数据技术分析比对，检查郊野公园行道和绿地养护情况，是否存在植被枯株、草坪枯萎退化且未补植等情况，检查郊野公园林木虫害防治是否到位，果皮箱等公共服务设施维护是否良好。通过审计促进完善郊野公园绿化养护，助力区域提升郊野公园环境品质。

第六章

优化文化产业
助推时尚朝阳

丰春秋：
北京朝阳立足"两区"建设
构建开放新高地

【建言背景】

按照朝阳区委区政府的统一部署和要求，为深入贯彻落实中国（北京）自由贸易试验区国际商务服务片区朝阳组团（国家服务业扩大开放综合示范区朝阳区域）建设各项工作，文创实验区管委会联合朝阳区文创办积极推进文化领域改革创新相关工作，包括：了解需求，积极开展走访调研；争取上级部门支持，推动相关政策尽快落地；加强服务，积极引导文化金融创新发展；注重长效，增强"两区"建设服务保障。上述工作以"两区"政策内容为导向，在深入对接企业需求层面取得积极进展，为"两区"建设下一步进程的顺利开展奠定基础。

【精彩摘编】

下一步，将按照区委区政府的统一部署和要求，紧抓"两区"建设战略契机，一是在游戏版号、影视作品、网络视听许可证的快捷审批和服务上，放大政策红利，积极吸引相关企业落地发展；二是加强与金融机构沟通对接，创新文化金融服务，大力支持设立银行文创专营分支机构、文化产业相关保险、文化企业股权转让平台等文化金融项目，引导设立重点支持文化产业发展的民营银行；三是创新政策支持引导，发挥"双区"政策叠加优势，吸引社会力量参与，积极争取国际版权交易、艺术品（非文物）展览交易等重大项目落地；四是发挥国际文化产业园区联盟作用，积极引进文化交流活动落地发展，推动国际文化贸易良好发展。

【建言解读】

建设国家服务业扩大开放综合示范区和自由贸易试验区，是构建新发展格局中中央支持北京开放发展的重大政策，既是北京的极好机遇，也意味着重大责任。随着"两区"建设的持续推进，以服务业扩大开放综合试点为代表，北京已先后实施多项试点任务、开放措施，形成120多项试点成果。当前，北京正逐步推进加大改革创新力度、激发科技创新活力、促进产业高质量发展等方面工作进展，以时不我待的劲头推动政策落地实施。而朝阳区是北京市首批服务业扩大开放综合试点区，"两区"政策发布后，为打造高水平的开放样本，朝阳区迅速组建"两区"建设协调专班，统筹推进工作。目前，一系列政策和项目已经落地。该建言正是为见证朝阳区站在改革开放的历史新起点上的新作为、新成效，总结了朝阳区"两区"建设工作的阶段性工作成果，并进一步从政策、金融等方面提出下一步工作开展的建议，以期助力朝阳区实现更高水平的"产业开放""园区开放"，不断释放市场发展活力，推动开放型经济体系迈上新台阶。

【延伸阅读】

自从2020年9月28日北京自由贸易试验区国际商务服务片区挂牌以来，朝阳区迅速成立"两区"建设工作专班，聚焦国际金融、商务服务、数字经济国际合作等领域，紧锣密鼓推进"两区"建设。朝阳区正式印发的《朝阳区国家服务业扩大开放综合示范区和中国（北京）自由贸易试验区国际商务服务片区建设工作方案》（以下简称《工作方案》）和《北京自由贸易试验区国际商务服务片区朝阳组团实施方案》（以下简称《实施方案》），分别提出了10个方面的重点工作举措和5个方面、23项重点内容，分解为62项重点任务，明确了朝阳区5个目标定位、"5+3+N"的对外开放政策措施体系、3个服务贸易场景，为朝阳区"两区"建设确立了明确清晰的发展方向。

《工作方案》提出，朝阳区将聚焦打造以科技创新、服务业开放、数字经济为主要特征的自由贸易试验区，充分发挥国家服务业扩大开放综合示范区、自由贸易试验区和数字贸易试验区"三区"叠加的优势，建立"5+3+N"对外开放政策措施体系。"5"即构建自由贸易五大便利化制度创新体系，包括推动公平竞争的投资运营便利，提升以服务贸易为重点的便利化，深入推进资本跨境流动便利，实施自由便利的国际人才服务，规范数据跨境安全有序流动。"3"即以 CBD、金盏国际合作服务区、中关村朝阳园为核心承载，突出重点、以点带面，在"产业开放＋园区开放"上形成发展示范。"N"即推动多个重点优势领域服务贸易高质量发展，包括提升国际金融服务的开放创新能级、构建数字经济和数字贸易发展的创新环境、鼓励国际科技创新合作，深化专业服务领域开放改革，积极建设高端跨境消费中心，引领文化贸易创新发展，推动教育服务领域扩大开放，创新发展全球领先的医疗健康产业。

北京自由贸易试验区国际商务服务片区朝阳组团的实施范围约 7.92 平方千米，涵盖北京 CBD 中心区 4.96 平方千米、金盏国际合作服务区 2.96 平方千米。《实施方案》指出，北京 CBD 中心区将对标国际一流商务中心区，建立与国际通行规则相衔接的贸易促进体系，积极探索"互联网＋监管"的智能化模式，打造国际金融开放前沿区、跨国公司地区总部和高端商务服务集聚区；金盏国际合作服务区将服务国家对外开放新战略，打造首都国际交往承载区，率先在制度改革、要素供给、营商环境、产业生态、城市服务、创新氛围等维度实现与国际先进规则相衔接。

张瑞：
关于国家文创
实验区发展的几点建议

【 建言背景 】

　　为深入贯彻落实党的十八大、十八届三中全会和习近平总书记视察北京工作时的重要讲话精神，围绕首都"政治中心、文化中心、国际交往中心、科技创新中心"的城市战略定位，2014 年 7 月 31 日，文化和旅游部（原文化部）正式批复，以北京市朝阳区 CBD—定福庄一带为核心承载区，采取部市战略合作的方式，共同规划建设全国首个国家文化产业创新实验区。文创实验区 4 年来发展迅速，取得了显著成绩。

【 精彩摘编 】

一、文创实验区的发展要进一步提高群众的参与性，增强人民群众的获得感

　　建议在文创试验区范围内有针对性地打造 1～2 个演出场所，引进有影响力戏曲、话剧和乐团等表演团队走进实验区，满足首都市民精神文化的需求，提升首都市民在"文化惠民"方面的获得感。

二、文创实验区的发展要进一步提升在国际、国内的影响力

结合朝阳区国际化的优势，可以有针对性地组织论坛、交流等活动，提升文创实验区在国际上的影响力。与此同时，结合首都的优势，进一步提升文创实验区在国内的影响力，可以有针对性的组织论坛、联盟和有影响力的比赛提高实验区在全国的影响力。

三、文创实验区的发展要进一步创新政策，先行先试

目前，经济下行压力大，经济形势稳中有变，实验区要进一步突出"实验"的属性，进一步创新政策并先行先试，为国家创新制定文化政策提供依据，为实验区内的企业发展提供有力的支持，把文创实验区真正打造成朝阳区经济增长的"又一极"。

【建言解读】

自建立以来，文化产业创新实验区在构建文化领域京津冀协同发展、老旧厂房保护利用与城市文化发展、解决文创企业融资难、发展壮大文创企业等方面文创实验区管委会做了大量工作。对于群众来说，文化惠民是"执政为民"理念在文化上的具体反映，要采取切实有效的措施，推动文化繁荣发展，满足人民群众多样化的精神文化需求。对于朝阳区来说，文创实验区的国际化发展可以有效推动朝阳区新业态、新政策的尝试和落实，加速我国文化产业发展与国际一流水平接轨。

【延伸阅读】

2020年12月30日，中国文化产业协会联合北京蓝色智慧中心在北京市朝阳区正式发布国家文化产业创新实验区指数（2020）。实验区指数是全国首个反映区域文化产业带发展情况的综合指数，从综合效益的角度全面系统地反映了国家文化产业创新实验区"十三五"发展丰硕成果。据介绍，实验区指数指标体系设有环境支撑、创新驱动、产业发展、协同开放4个一级指标，13个二级指标和36个三级指标。实验区指数测算以2015年为基期，基期数为100。测算结果显示：2019年实验区总指

数为 225.1，较上一年提高 43.4，与 2015 年相比，平均每年提高 31.3 个点，增长态势明显。从分项指数来看，环境支撑指数、创新驱动指数、产业发展指数、协同开放指数四个分项指数均呈现不同程度的增长，其中，创新驱动指数和协同开放指数增势更为明显，是推动文创实验区总指数上升的主要力量。

赵春燕：
在朝阳区打造
国际化文创园区

【建言背景】

朝阳区作为北京市文化创意产业发展最好、文创园数量最多的区，在老厂房保护利用发展文化创意产业园方面一直在北京乃至全国都具有引领和示范意义，但除了 798 作为最早一批以艺术吸引了全世界关注、具有一定国际知名度的艺术区以外，目前朝阳尚缺少能够称为"朝阳名片"的文化创意产业园，这与朝阳区全面提升"国际交往中心"功能、打造具有世界影响力的文化创新实验区的整体定位不符。

【精彩摘编】

一、针对文化产业从业人员制定专项的人才引进培养政策

朝阳发展文化产业，在吸纳文化产业人群、建设金字塔状的人才结构上，在人才吸引政策上需结合实际情况建立相应的人才鼓励机制。建议在现行北京市人才引进政策基础上，针对北京市委宣传部首批认定的市级文创园，制定更低门槛的人才

引进培养政策，包括企业及个人的税收优惠政策、人才落户政策、福利性住房优先政策等。

二、针对北京市级文创园进行强势文化资源导入、重点扶持

优质的文化内容是文化产业发展的核心，优质的文化企业聚集能够带来更好的聚集效应。建议朝阳区制定专项"明星文创园打造"政策服务包，将优质的、国际化的文化企业、文化内容资源（演出、剧目、艺术展等）、文化领军人才等产业发展优质要素向市级文创园聚集，并给予相应的政策扶植和招商引资专项指导；在园区品质的持续提升与改造中给予支持，着力推进朝阳首批认定的市级文创园的国际化、知名化、精品化，从而发挥市级文创园的榜样作用，为朝阳区在国际文化产业领域争光添彩！

【建言解读】

本建言从人才和资源两个维度对朝阳区打造国际化文创园区提出了建议。文化产业发展归根结底是人才问题。文创园是发展文化产业的抓手、吸引文创人才的利器，朝阳区作为全国文化产业发展最好、文创园数量最多的区，对文化产业类人才具有一定吸引力。但北京生活成本较高，绝大部分文化产业从业人员收入较低，且目前朝阳区实施人才引领发展战略，从行业发展程度的横向对比来看，文化产业尚处于发展的初级阶段，其从业人员的整体学历、收入水平与科技、金融、国际贸易等领域相比均属偏低，导致大部分优秀的文化产业从业人员无法得到更好的扶持，因此从长期来看，容易导致朝阳区文化产业发展后续乏力。

【延伸阅读】

2019 年，北京市认定首批 33 家市级文化产业园区，其中朝阳区就有 10 家。郎园 Vintage、尚 8、798、北服创新园、东方嘉诚等一批具有品牌效应、先进运营理念和成熟管理团队的园区，开始以品牌输出、模式输出、团队输出等方式打造创新协作生态圈，形成"南上北下"之势，以朝阳区为"总部基地"，在全国进行总体布局，形成"朝阳文创园区 IP"亮丽品牌。

目前，朝阳正在逐步构建以"园区数据库—园区特色分类—政府精准服务—政策引导"为主体的精准服务园区发展的体系。依托"百园工程"园区运营管理培训班等平台，健全园区经验交流分享机制，提升园区专业化运营管理水平。同时，加强区级各相关部门的统筹协作，建立部门协作机制，助力园区转型升级。发挥全国老旧厂房协同发展联盟、京津冀文化产业协同发展中心、文创实验区信促会等平台作用建立共建、共治机制。加强政策集成创新，用好朝阳区文化产业"政策50条"。鼓励和指导园区健全完善服务体系，提升园区运营管理能力，重点培育引进高技术含量、高附加值、高产业带动性的文化科技龙头企业和高成长企业。引导园区在关键共性技术研发、技术成果转化等高端环节持续发力。

陈潇：
在奥林匹克公园
建设安全体验园区

【建言背景】

统筹发展和安全，增强忧患意识，做到居安思危，是我们党治国理政的一个重大原则。对朝阳这样的特大型城区而言，开展辖区群众的安全教育，仅靠政府管理部门的力量是远远不够的。可以依托现有资源，动员社会力量，开展多方位、多渠道和多形式的区域安全文化教育，加强城市居民安全意识、提升自救互救技能。

【精彩摘编】

一、盘活现有资源，建设安全文化主题园区

盘活现有场地和设施资源建设奥林匹克安全文化主题公园，由室内安全体验馆和室外安全园区两部分构成。项目和内容上，包含安全主题长廊、突发事件场景模拟、安全文化景观、城市应急救援装备体验、城市安全示范主题活动等。

提升公共安全管理能力水平，需要改变观念，将公共安全视为政府与社会合作管理的领域，建立一种以政府为主导，以社会组织、社会团体为辅助的公共安全机制。综合公共安全主题体验馆、主题公园，是一种国际通行的现代教育与社会服务推广模式。

【建言解读】

中国是世界上自然灾害最为严重的国家之一，当突发事件来临的时候，缺乏基本和必备的避险场所，将给政府主导的突发事件应急处置带来更多的压力，甚至放大不安定因素，造成更大的次生灾难。为了应对各种潜在的灾害，保护人民的生命财产安全，降低灾害带来的损失，要求在城市内、周边和近郊建设可以应对这些灾害的临时安置场所——应急避难所。"奥林匹克公园安全文化主题公园"具备规范化的安全场地、专业的应急救援和突发事件应急处置能力，具备基本的城市居民应急疏散和安全防护功能，符合"平战结合"的需要，能在灾害发生之时，作为市民紧急避难避险场所。

【延伸阅读】

党的十九大报告提出："坚持总体国家安全观。统筹发展和安全，增强忧患意识，做到居安思危，是我们党治国理政的一个重大原则。必须坚持国家利益至上，以人民安全为宗旨，以政治安全为根本，统筹外部安全和内部安全、国土安全和国民安全、传统安全和非传统安全、自身安全和共同安全，完善国家安全制度体系，加强国家安全能力建设，坚决维护国家主权、安全、发展利益。"总体国家安全观，是新时代中国特色社会主义建设的基本方略之一，是习近平新时代中国特色社会主义思想的重要内涵，是新形势下维护和塑造中国特色大国安全的有力思想武器。在当前世界不稳定不确定因素日益增多、国际格局复杂多变的关键期，坚持以总体国家安全观为引领，对于我国妥善应对新问题新挑战，努力开创国际合作新局面具有重要指导意义和重大现实意义。

习近平总书记强调，要"有效维护国家安全"。国家安全是安邦定国的重要基石，维护国家安全是全国各族人民的根本利益所在。要完善国家安全战略和国家安全政策，坚决维护国家政治安全，统筹推进各项安全工作；健全国家安全体系，加强国家安全法治保障，提高防范和抵御安全风险能力；依法严密防范和坚决打击各种渗透颠覆破坏活动、暴力恐怖活动、民族分裂活动、宗教极端活动；加强国家安全教育，增强全党全国人民国家安全意识，推动全社会形成维护国家安全的强大合力。

张鸿声：
国家文化产业创新实验区
周边环境道路急需治理

【建言背景】

定福庄地区是国家文化产业创新实验区的主要承载空间，也是规划中的国际传媒走廊的重要地区。同时，更是处于朝阳区通向通州副中心的廊道之重要位置，又是长安街的东向延伸线。但长期以来，其周边环境很差，影响了试验区的发展。本建言以定福庄地区环境道路的实际情况为背景，切实考虑居民、社会车辆、学生等多方诉求，合理提出改进建议。

【精彩摘编】

一、由朝阳区政府尽快与相关部门协商，督促国家文化产业创新实验区周边环境的改善，并对定福庄朝阳路一带的拆迁，尽快拿出解决方案。

二、对于道路问题，请三间房乡和传媒大学共商，尽快启动传媒大学东侧路北段规划道路的建设，方便周边居民和车辆通行，解决交通拥堵的问题。

国家文化产业创新实验区是由文化和旅游部（原文化部）与北京市采取部市合作的方式共同规划建设，规划以定福庄为中心，在文化产业聚集板块在腾笼换鸟、产业升级、创新发展的指导方针下，集聚了国家广告产业园、国家版权贸易基地、国家音乐文化产业基地、国家动画产业基地等一批国家级文化产业基地、东亿国际传媒产业园、北京传媒总部基地等几十个文化产业。由于这一地区属于朝阳区与通州的交汇处，是朝阳至副中心廊道的核心，其位置更加重要。

但是，这一地区的环境非常糟糕。特别是朝阳路自五环大黄庄至三间房这一路段，也是定福庄的核心区域，环境长期得不到治理。此外，还存在道路拥堵问题、穿行学校的车辆影响正常教学秩序、引起学生和周边居民发生矛盾冲突的问题。这使学校承担了巨大的压力，面对现实又十分无奈。因此，改善国家文化产业创新实验区周边环境道路是当下存在必要性和紧迫性的议题。

【延伸阅读】

《关于加快国家文化产业创新实验区核心区　高质量发展的若干措施》部分要点摘选

（1）以重点项目建设为抓手，支持国家级、市级大型文化功能项目和央属、市属文化企业优质资源在文创实验区落地。加快推进 CBD 文化中心、文创实验区国际文化中心等项目高标准高水平建设。

（2）发挥国家文化产业创新实验区和国家公共文化服务体系示范区"双区"叠加优势，推动文化产业与文化事业协同发展，大力支持社会力量兴办图书馆、博物馆、美术馆、影院、实体书店、公共阅读空间。通过政府采购或奖励的方式，引导支持文化产业园区积极搭建各类公共服务平台，鼓励实验区企业参与北京市公共文化服务体系建设，提供公益性文化服务，并纳入文化惠民工程覆盖范围。

（3）在文创实验区范围优先保障重大文化产业项目所需土地、空间等基础条件。

推行产业用地弹性年期出让、土地租金年租制，合理控制文化产业用地成本。在符合规划和用途要求前提下，允许经依法登记的农村集体经营性建设用地用于文化产业项目。加强存量空间的转型盘活，支持利用存量低效楼宇、国有企业用地、农村集体产业空间建设文化产业项目。

李明飞、李海作：
深化国家文化产业创新实验区
文化金融融合

李明飞、李海作：

【建言背景】

"十三五"以来，朝阳区文化金融融合和文创实验区在不断创新发展，并取得了重要成果。但相对于其他领域，文化产业发展起步比较晚、基础薄弱，文化产业市场空间未得到充分的释放；成规模的大中型文化企业数量少，初创文化企业、小微文化企业众多；服务于文化产业的金融体系薄弱，导致文化产业与金融资本融合不足；这些都成为制约文化产业快速发展的瓶颈。

【精彩摘编】

一、建设文化资产的评估平台（模式）

为推动打造高水平的创新实验区，朝阳区应制定相应的政策，支持更具专业化的文化资产评估机构建设，运用创新思维、开拓新的文化产业服务模式、研发适用于各类文化企业的新兴专业技术，推动文化资产的数字化，形成文化大数据，建立科学的评估模型，对文化资产进行精确有效评估，同时推动文化资产评估与金融机构进行深度融合和零距离对接，为文化企业通过文化资产质押等手段进行融资提供更方便快捷的渠道。

二、促进文化金融资源整合

可由朝阳区文化委员会、文化创意产业促进中心或文创区管委会牵头，建设一个"一站式文创金融服务平台"，平台可以充分利用微信公众号等新媒体，提供全方位文创金融政策与服务信息，满足不同阶段、不同类型文创企业金融需求。其中，金融服务以朝阳区金融机构提供的产品和服务为主，集聚银行、小贷、担保、创投、保险、融资租赁等各类金融机构上线发布文创金融服务产品，同时通过平台发布为各类文创相关扶持资金申报信息、文创金融相关政策信息。文创企业可通过平台"一站式"了解、查询朝阳区文创金融方面服务和信息，通过平台与金融机构对接寻求融资服务。

【建言解读】

建言指出要建设文化资产的评估平台（模式），这是由于文化创意企业价值存在评估困难的问题。文化创意企业大部分都是中小企业，普遍缺少固定资产抵押，当企业所具有的专项技术或知识产权的价值难以做出合理估计时，从银行到风投就无法及时准确地做出决策。建言还指出要促进文化金融资源整合，这是基于试验区引入的金融机构有限做出的判断。文创试验区要发挥中介、杠杆的作用推动企业上市融资。目前文创试验区与金融机构的结合还不够紧密，引入的金融机构种类比较单一。除了银行、基金公司、租赁公司、小贷贷款和担保公司，文创试验区还可以引进典当行、券商、会计师事务所、公证处、知识产权服务机构、资产评估机构和信用评级机构等金融和中介服务机构。

【延伸阅读】

2020年9月29日，北京市政府新闻办召开发布会，市规划和国土资源管理委员会、市发展和改革委员会等6部门相关负责人介绍《北京城市总体规划（2016年—2035年）》。

建设一个什么样的首都？答案是要建设好伟大社会主义祖国的首都、迈向中华民族伟大复兴的大国首都、国际一流的和谐宜居之都。市规划国土委相关负责人表示，北京与其他城市最大的不同就在"首都"二字，北京的发展建设要处理好"都"与"城"的关系，紧紧围绕实现"都"的功能来谋划"城"的发展，以"城"的更高水平发展服务保障"都"的功能。因此，北京的一切工作必须坚持全国政治中心、文化中心、国际交往中心、科技创新中心的城市战略定位，"有所为、有所不为"。

曾旭：
服务区域国际化
建设侨商产业聚集特色园区

【建言背景】

朝阳区侨界资源丰富，新形势下归侨、侨眷、华裔新生代、海外留学人员等归国安居创业群体不断增多，新时代"侨"的力量和气息遍布朝阳全区。新侨、老侨以不同身份在投资、运营、生产、销售等各产业链中切换，新时期的侨心、侨智、侨文化缺乏空间载体，难以形成更好的聚合效应。

【精彩摘编】

一是建立华侨华人回国创新创业综合服务体系。结合国家政策建立一套归侨华商创业就业的服务绿色通道。二是建立创新创业平台孵化体系。引进国际高端华侨华人科技研发力量、金融资本人才。三是优化营商环境，提供优质服务。结合国家和区域转型升级战略，成立归侨华商并购研究院。四是建设文化中国"侨"空间。发挥腾退厂房等空间作用，赋予新功能，建立侨文化传播、传承体系，设立开放的复合空间、打造文化建设示范点。

朝阳区作为北京侨务大区，侨资源丰富，侨商众多，广大侨商、侨眷作为区域经济社会建设的生力军，优势体现为以下四个方面：一是侨胞数量众多，分布集中。他们活跃于体制内外、国内和海外，视野宽、学历高，是"北京故事""朝阳声音"的重要传播者。二是侨资企业众多，侨商实力雄厚。侨资企业在朝阳经济的地位举足轻重，对朝阳经济社会发展功不可没。三是发展高地，侨界人才聚集，对区域贡献大。朝阳独特的区位优势和区域特征吸引了全球华人华侨的关注。海外华侨华人是朝阳区引进高层次人才的主体。四是广大侨胞热心参与区域经济社会建设，侨文化氛围浓厚。侨胞素有爱国爱乡的光荣传统，长期关注支持家乡的经济文化建设和社会发展。

建言洞悉朝阳区创造性利用侨胞资源的可行性，同时也明确指出了朝阳区农村地区产业提升转型存在的问题，包括：农村地区主导产业单薄，新兴产业占比少，同质化趋势明显；产业与文化功能融合不够；没有完全体现经济新业态；创新创业氛围不足，对人才吸引力不足。为此建议，建设侨商产业特色聚集园区，为新兴侨创企业提供法规咨询、项目对接、签约落地、创业培训、政策支持、人才支援、市场开拓、融资保障等全链条服务的创新创业平台。

【延伸阅读】

中国侨商联合会（China Federation of Overseas Chinese Entrepreneurs，CFOCE）于 2008 年 3 月经国务院批准注册登记，2003 年 8 月成立。

中国侨商联合会是由在中国境内投资创业的归侨侨眷、华侨华人、港澳人士、留学归国人员及其企事业单位；各级侨联主管的侨商组织、留学归国人员社团、侨联自办企业和侨属企业等自愿组成的全国性非营利性社会团体。

中国侨商联合会以"服务会员、贡献社会"为宗旨，充分发挥侨界人才荟萃、智力密集、联系广泛的独特作用，广泛团结和凝聚海内外广大侨商；充分反映侨商要求，沟通侨商与政府的联系，维护会员的合法权益，鼓励引导会员参政议政；为会员提供政策咨询、信息交流、调研培训等多种形式的服务；支持会员开展经贸、科技等领域的交流与合作；增进与国外工商社团的交往，为提高侨商企业的国际竞争力服务；引导会员参与支持社会公益和侨联事业，为中华民族的伟大复兴做出应有的贡献。

陈红卫：
加强望京及周边地区中国特色主题文化园区建设

【建言背景】

北京市人民政府批复的《朝阳分区规划（国土空间规划）（2017年—2035年）》着重强调抓好文化、国际化、大尺度绿化"三化"建设，全面塑造城市特色风貌，要以生态休闲作为"三化"建设的重点，并按照全国文化中心建设要求，着力推进国际文化交流窗口区、创意文化引领区建设，打造传统魅力彰显、多元包容、优雅时尚的现代国际都市文化。一曲建设和谐宜居之都文化朝阳的新乐章已经悠扬奏响。

【精彩摘编】

依托朝阳模式望京国际社区多元主题文化及艺术场馆的宣教功能，牢固树立朝阳模式中的新时代中国特色文化体系建设战略在具体实践中的显现，使其在中国与世界的交往中充分发挥出强劲的文化软实力影响作用。

望京小街

不断加大对朝阳区社区主题公共文化体系建设的投入力度，大力挖掘和扶持具有新时代主流思想性、艺术与人文健康性的、参与体验与启发性相统一的多元艺术人文项目进入主题文化园区体系规划中来。特别是大力实施和精心打造"艺术人文与创意生活设计工程""中国特色时尚家居工程""健康网红中国智慧工程"等系列朝阳国际文化工程和网络传播工作。继"朝阳群众"影响之后，有计划地实施若干"朝阳创意文化"品牌建设举措，真正形成与朝阳新时代文化建设相匹配的文化体系支撑力，期待在朝阳模式中国文化特色国际化建设主题行动中，催生出在全国乃至全世界都具有广泛影响力的"精品力作"，进一步发挥朝阳区的全国文化示范引领作用。

【建言解读】

作为城市文化建设示范区的一分子，望京及周边地区应依托区域内国际化资源和正在形成的区位综合优势条件，着力提升和打造具有中国特色国际文化融合发展的公共文化场所和相关主题文化园区（社区或街区），或注重打造以郊野公园属性为特色的都市宜居文化生态圈，把具有先进文化载体和宣教形式功能的博物馆、非遗艺术传承等不同形式内容的中外特色文化融入人们的生活体验之中；而博物馆本身就是一所大学、一座引领人类进行文化创新发展的无尽智慧宝藏，博物馆同时也承载着传承弘扬民族文化、提供融合吸纳国际文化的创新教育使命，使人类的文化生态形成健康多元可持续发展的坚实保障。

【延伸阅读】

《朝阳分区规划（国土空间规划）》节选

本次朝阳分区规划深化落实了总体规划对朝阳区功能定位、规模调控、减量提质、城乡统筹、多规合一等方面的各项要求，细化分解了总规目标、指标、任务，对城市发展建设各项工作进行统筹安排，为下阶段控制性详细规划的编制提供依据，充分发挥分区规划刚性传递总体规划各项战略要求的作用。本次朝阳分区规划编制工作牢牢把握首都发展要义，坚持一切从实际出发，贯通历史现状未来，统筹人口资源环境，让历史文化和自然生态永续利用，同现代化建设交相辉映。坚持抓住疏解非首都功能这个"牛鼻子"，立足全市空间布局优化，紧密对接京津冀协同发展战略，推进疏解整治促提升专项行动，在疏解中实现更高水平发展。坚持以资源环境承载能力为刚性约束条件，确定人口总量上限、生态控制线、城市开发边界，实现由聚集资源的扩张式发展转向减量提质的内涵式发展。坚持问题导向，积极回应人民群众关切，努力提升城市可持续发展水平和城乡社会治理能力。坚持城乡统筹、均衡发展、多规合一，实现一张蓝图绘到底。坚持开门编制规划，汇聚各方智慧，努力提高规划编制的科学性和有效性，切实维护规划的严肃性和权威性。

张凌云：
推进文化与科技融合 促进国家文化产业 创新实验区建设

【建言背景】

文化产业要做大做强，离不开融合发展和创新驱动。文化与科技融合，既能催生新的文化业态、延伸文化产业链、集聚大量创新人才，又能有效促进科技的创新和应用；既能为科技产品注入文化内涵，又可使文化资源获得创造性转化。

【精彩摘编】

一、加强政策支持和规划引领。首先，立足首都发展实际，完善文化与科技融合政策扶持体系，结合当前技术前沿和未来发展趋势，明确文化与科技融合的重点突破方向，统筹规划文化科技创新体系、产业体系、市场体系的建设任务和重点工程。其次，围绕文化科技企业，给予相应政策支持，特别是支持文化企业享受科技企业同等政策，鼓励文化企业大力推进数字化、智能化，逐步完善以保护文化科技融合创新成果知识产权为核心的法律法规和制度体系，支持文化科技企业的投资、并购，做大做强。

北京市朝阳区城市智慧大脑建设联盟

二、加强平台建设，促进融合的深度和广度。首先，培育、搭建文化企业与科技企业交流的平台，定期开展文化和科技融合成果展览交易，破解信息不对称难题。在良性竞争的前提下，鼓励行业内企业间的信息共享、资源互补及协同合作，形成成果转化的聚集效应和示范效应，培育头部文化企业。其次，充分利用朝阳区现有资源拓展文化创意空间，打造文化科技产业集群，统筹规划文创产业、文创功能区、文创产业园区、特色小镇，搭建科技文化服务平台，推进科技与文化实现多领域跨界融合。

三、提升创新能力，培养复合型人才。企业、科研机构要加大文化领域应用技术的研发投入及核心技术实践，增强创新成果转化能力，整合文化科技骨干企业和研究机构力量，建立文化科技融合技术研发、模式创新和成果实践实验室，加速创新成果商业化进程；同时，建立文化和科技融合决策咨询机制，加强专家智库建设，提供准确、前瞻、及时的政策建议，以文化与科技复合型人才培养为重点，推动建立政府、协会、院校、企业多元化人才培育体系，完善文化人才认定和评价体系，在企业人才职称评定和引进制度等方面做进一步的突破，给予重点文化企业支持，面向全球加强人才的发掘、集聚和引进。

四、积极参与国际交流，深化开放合作。鼓励文化企业"走出去"，积极参与国际文化科技交流，分享成功案例、借鉴先进经验的同时，鼓励有实力的中国企业通过项目合作、海外并购、联合经营、设立分支机构等方式开拓海外市场，打造中国的文化科技融合的典范；同时，逐步完善中国企业在海外拓展业务的配套政策支持，助力我国优秀文化产品进入国际市场，提升中华文化的国际影响力。

【延伸阅读】

文创实验区的文化产业政策体系，覆盖文化产业企业从起步、成长、壮大再到上市的整个生命周期。其出台实施的"政策50条"从内容原创、文化科技研发、文化贸易、贷款贴息、精品园区、投资奖励等15个方面为产业发展提供支持。而针对成长型企业实施的"蜂鸟计划"助飞行动，为其提供信用融资、资金奖励、税收优惠、人才引进、住房保障等多方面的特别支持。眼下数字文化产业正面临难得发展机遇，实验区率先出台了北京市首个《文化创意企业申请高新技术企业认定指南》，借助科技手段、资本力量、贸易路径，突破纯文化业态发展的天花板。

李淑环：
突出文化创意引领示范
建设文化产业创新实验区

【建言背景】

面向未来，在首都加快"四个中心"建设、优化提升首都功能的背景下，针对如何进一步突出文化创意产业的引领示范作用，推进朝阳区建设文化产业创新实验区，推动"疏解增绿上水平"整体工作，本建言给出了可供参考的建议。

【精彩摘编】

一、依托文创产业实验区，发挥主要承载作用

一要加强顶层设计，围绕体制机制创新和实验示范，加强相关行政审批、公共服务等方面政策措施的细化深化研究，增强对企业入驻的吸引力。二要聚焦功能性项目，引进体现"互联网＋科技＋金融"的旗帜性文化创意企业，通过大项目促进产业融合。三要聚焦存量空间，进一步加大低级次产业清退力度，为高端文化创意产业释放空间。四要聚焦统筹协调，用好中央、市、区相关政策和专项扶持资金，加大沟通协调力度，全力推进国家文化创新实验区发展，为朝阳区构建"高精尖"

产业结构贡献力量。

二、充分发挥现有创意园区的引领功能

全力打造特色创意门类的核心品牌，推动创意设计发展。围绕北京建设"设计之都"的目标，突出创意设计的引领地位，推动服装设计、工业设计、平面设计、国际建筑设计发展，打造集交流、创意、设计、展示、投资、交易于一体的创意设计产业集群。发挥中国设计师协会等机构入驻的示范效应，引进一批国内外知名设计机构、设计师团队，培育一批具有东方文化解码能力、广泛国际影响力的原创设计机构，推动组建创意设计联盟，提升创意设计行业发展水平。

【建言解读】

从产业发展本身看，无论是从文创产业本身的高融合性、高附加值特点，还是首都新的城市战略定位要求，朝阳区已经进入文化引领发展的新阶段，文创产业成为朝阳区的重要支柱产业和经济升级转型的新引擎，同时肩负着提升区域文化底蕴、提升区域环境品质的重任。

本建言指出朝阳区应当深入实施"文化＋"战略。集成优势创新资源，培育文创龙头企业和多层次文化产品、要素市场，促进文化产业与科技、金融、商务、旅游等领域融合发展，在体制机制、政策环境、市场体系、金融服务、人才培养、发展模式等方面改革突破，全力打造全国文化产业创新发展高地，激发文化创新活力。

【延伸阅读】

朝阳区于 2006 年在全市率先提出文化创意产业发展战略，把文化创意产业作为朝阳区重点发展的四大产业之一，历届区委区政府将这一战略不断深化、强化，文化创意产业在朝阳区的战略地位不断提高。朝阳区先后提出了加快推动文化创新、文化引领、创新驱动，"文化强区"，文化引领发展等提法和思路。进入"十三五"，本届区委区政府提出了"建设'三区'、建成小康"的发展目标，其中"三区"之一就是"文化创新实验区"。

朝阳区在推动文化创意产业发展方面的举措，可以概括为"二三四五"，即聚

焦两个高端（内容原创、交易传播），坚持三大原则（政府引导扶持、市场主体的原则，统筹城乡发展的原则，兼顾经济效益和社会效益的原则），完善四大体系（一是融合职能建立组织工作体系，二是优化布局建立规划引导体系，三是集成创新建立政策支撑体系，四是优化环境建立公共服务体系），实施五大策略（一是抓集聚区建设带动产业集群，二是抓高端环节完善产业链条，三是抓重点行业构建新优势，四是抓重大项目带动周边发展，五是抓人才引进培育提升核心竞争力）。通过实施这些举措，有效集聚各类高端要素，完善高端功能体系，推动文化创意和金融、高新、旅游等相关产业融合发展，进一步提升区域软实力和文化发展活力，使文化创意产业成为朝阳区的重点产业和经济社会文化可持续发展的新动力源泉。

马立霜：
在朝阳区打造国家级
医药卫生文化创意产业园

【建言背景】

目前国家文化产业创新实验区（以下简称"实验区"）内文化业态丰富，已经聚集了莱锦文化创意产业园、懋隆文化产业创意园等 50 余个文化产业园区（基地），形成了错位、协同、融合发展格局。但是，相对于其他业态，园区范围内只有极少的、零散的健康类业态，缺乏具主导地位的医药卫生文化业态。因此，本建言建议在实验区范围内规划建设一个国家级医药卫生文化创意产业园。

【精彩摘编】

一、定位高端，具有开拓引领地位。第一，将医药卫生领域最前沿、尖端的专业知识，转化成简单、通俗易懂与百姓息息相关的日常防病、健康知识，帮助百姓治未病，掌握最前沿、最高端的健康生活理念；第二，将生命科学、胎儿医学等国际医学领域前沿具有引领地位的研究成果或进展转化成文化理念，让广大人民群众了解到生命周期与疾病的关系及胎儿医学在医学界的重要意义和地位。

二、以文化传播为核心，各领域业态完美融合，全方位打造医药卫生与文化领域相结合的新高地。第一，从园区内的业态来说，要包括高端医学研究机构、医药卫生文化传播机构、医药卫生文化高端人才培训机构等；高端医药卫生文化会展中心，儿童保健、健康养生等文化节目演播录制大厅；与医药卫生相关的实体产业机构，如高端医疗卫生器械研发公司、医药研发公司总部、连锁药店总部等。第二，在挖掘医药卫生自身文化底蕴的前提下，做好医药卫生与相关文化领域的融合，积极传播健康生活理念。

三、以国家级医药卫生文化创意产业园为宣传基地，大力弘扬中医药文化这一非物质文化遗产，进一步提升中医、中药在国际的地位和影响力。

【建言解读】

医药卫生是关乎国计民生的头等大事。当一个拥有 13 亿多人口的发展中大国跨越基本解决温饱的历史阶段，保障健康、促进健康就已经成为治国理政的崭新课题。当百姓身心俱佳、生活无忧时才是全面小康。实现国家的可持续发展，同时让百姓过有质量的幸福生活，才是全面建成小康社会的应有之义。只有实现了"健康中国"的目标，我们才有资本去为实现中国梦而奋力拼搏。

因此，朝阳区建设国家级医药卫生文化创意产业园具有引领示范作用。朝阳区作为首都"四个中心"功能的重要承载区，高精尖发展的顶梁柱，将会聚集大批国际化人才。而随着医改的持续深入，医疗保障制度逐渐完善，以及国际、国内医疗卫生领域向精准化、集约化发展的大趋势下，系统化的高端医药卫生知识科普将会有广大应用发展空间。

【延伸阅读】

北京朝阳区中医药服务贸易试点区建设是朝阳区服务业扩大开放试点政策落地的体现之一。自被批准为试点区以来，朝阳区通过医疗服务、文化交流、海外拓展、人才培养等方面，积极弘扬中医药文化，推进中医药文化走出去。

在中医药服务贸易领域，朝阳区初步构建了中医药服务贸易统计指标体系。这是一套以中医药医疗、保健、教育、科研、文化、商务和养生旅游7项服务内容为统计指标，以境外消费、跨境支付、商业存在和自然人流动四种方式进行计算的服务贸易统计体系。

据了解，目前作为该指标体系的数据支撑，朝阳区中医药服务贸易数据上报系统已经正式启动，区域内涉外医疗服务机构全都按规定实时上报中医药服务贸易数据。

王立华：
朝阳区发展文化产业的
一些思考与建议

【建言背景】

朝阳区是首都的经济大区和发展强区，也是首都文化要素和文化产业最为集中的区域之一。经过多年的建设发展，文化创意产业已经成为朝阳区的支柱产业。在朝阳区"十三五"规划中，明确提出要建设"文化创新实验区"的工作目标。本建言就朝阳区文化产业发展从理念、模式、思路上提出一些思考和建议。

【精彩摘编】

一、新模式：探索文化产业园区的特色发展路径

建议要积极推进产业园区的转型升级，遵照"文化创意产业专业基地—文化创意产业园区—文化创意产业集聚区—文化创意产业功能区—国家文化产业创新实验区"的路径，不断完善产业链、服务链、供应链，以园区的发展模式促进文化产业的发展，优化整个朝阳区的文化生态，促进文化创业产业的繁荣发展。

二、新定位：明确文化产业高端体系化战略定位

建议在聚焦高端产业上，重点发展文化传媒、广告会展、设计创意、高端教育等优势产业，大力引进基于互联网、云计算、大数据的移动新媒体、数字文化产业等新兴产业；在聚焦高端环节上，重点培育内容原创、技术研发、投资交易、消费体验等产业环节，占据价值高端；在聚焦高端功能上，着力完善人才培养、信息传播、文化贸易、国际交流等功能，充分发挥引领示范作用。要积极促进文化产业的体系化融合发展，紧密围绕"互联网＋"和"文化＋"战略，积极培育文化融合新业态，全面提升文化产业融合发展水平。

【建言解读】

根据北京市"全国政治中心、文化中心、国际交往中心、科技创新中心"的战略定位和控制北京人口、疏解非首都功能工作任务，朝阳区不断优化经济结构，区内老工业基地和人口密集型产业也面临调整和转型。在转型理念上，要将文化产业作为调结构的首选方向。如老工业基地的代表——东五环赫赫有名的胜利混凝土建材厂，作为亚洲最大的水泥筒仓，胜利水泥库在亚运会、奥运会场馆建设和北京多个重点工程中做出了重要贡献。通过产业转型，园区内保留了46座水泥筒仓、老厂房和部分铁轨，成为供人参观的工业文明遗迹。人口密集型产业的代表——北京第二棉纺厂，通过国际先进的定位及设计理念，以超低密度、绿色生态、独栋办公、结合综合配套为设计宗旨，建设成为莱锦文化创意产业园，带动了京城文化创意产业园发展的全新走向。这些产业的转型既有历史的传承，又有发展理念的创新，而文化创意是统一的方向，为朝阳区未来产业转型提供了思路。

【延伸阅读】

12月7日，中共北京市委发布了《关于制定北京市国民经济和社会发展第十四个五年规划和二〇三五年远景目标的建议》（下称"规划建议"）。据北京市委副秘书长刘占兴介绍，该规划建议是北京市委在过去7个月中先后召开2次常委会会议、10余次专题会议研究审议后制定的，起草过程中充分吸收了研究机构、专家学者、

企业家等社会各界和人民群众的近 300 条意见。

    规划建议提出，"十四五"时期北京经济社会发展基本要求是要坚持以首都发展为统领，更加突出创新发展、京津冀协同发展、开放发展、绿色发展、以人民为中心的发展和安全发展。在指导思想中，规划建议延续了"十三五"规划建议当中疏解非首都功能、推动京津冀协同发展的思路，要求牢牢抓住疏解非首都功能这个"牛鼻子"，以减量倒逼集约高效发展，大力推进以科技创新为核心的全面创新。

何志立：
加强朝阳区
文化产业高质量发展的
标准化建设

【建言背景】

按照中央、北京市关于疏解非首都功能的总体部署，朝阳区紧紧抓住"疏解整治促提升"这条主线，平稳有序地清退低级次市场、出租大院、仓储物流、废品回收场站等低端产业；疏解腾退后的土地和空间，用于"还绿"或增加公共服务设施，提升朝阳区绿化隔离地区生态功能；同时集中精力发展高端优势产业，改善人民群众生活质量，带动周边人口就业和增收。

【精彩摘编】

当前朝阳区正处于农村城市化高速推进的关键发展期，特色文化产业园区多位于城乡接合部，周边相关配套设施正在逐步完善。为科学引导文化产业发展，培育新的经济增长点，提出如下建议：一是建议政府加强对文化产业园区在规划、建设、管理等方面的规范引导，制定出台文化园区建设、管理、安全、运营等方面的统一标准，提升园区管理水平。二是建立文化产业的准入制度，立足北京的地域特征和优势，充分发挥京味文化的特色，同时面向国际化，与国际高端文化产业接轨，走出一条具有北京特色的国际化文化产业创新之路。三是加强文化产业园区与当地农村集体经济的融合，通过文化园区的规范建设，增加物业管理等就业岗位，促进当地农村劳动力转移就业。

【建言解读】

朝阳区的发展方向是助力北京城市战略的"四个中心"的定位（政治中心、文化中心、国际交往中心、科技创新中心）。朝阳区处于中央政务区和北京市行政副中心的连接区域，未来将坚持现代服务、金融服务、文化创意、高新技术产业的定位，着力打造国际、国内商务区交往中心。在文化创新与发展方面，文化和旅游部（原文化部）与北京市采取部市战略合作的方式，以"北京CBD—定福庄国际传媒产业走廊"一带为核心承载区，共同推动建设全国首个国家文化产业创新实验区，重点发展创意设计、文化传媒、数字文化、文化贸易等高端文化产业。目前，朝阳区主要以"北京CBD—定福庄国际传媒产业走廊"为核心承载区的国家文化产业创新实验区为重点，通过转型升级打造多个特色文化产业园区，国家层面很多文化产业的政策在此先行、先试，有利于在政策体系、市场体制机制、金融服务、人才培养、发展模式等领域创新，实现非首都功能疏解、构建"高精尖"经济结构、推动京津冀文化产业协同发展的目标。

这些特色文化产业园区通过老旧工业厂房、传统商业设施、有形市场改造升级和农村集体产业项目选择高端产业等多种方式，实现转型升级，不仅没有新增产业用地，还实现了非首都功能疏解、构建"高精尖"经济结构的目标。

【延伸阅读】

2020年12月30日，中国文化产业协会联合北京蓝色智慧中心在北京市朝阳区正式发布国家文化产业创新实验区指数（2020）（以下简称"实验区指数"）。"在确定指标体系框架时，既考虑到文创实验区作为'CBD—定福庄文化产业带'这样一个区域生态，也考虑到文创实验区是连接首都功能核心区和北京城市副中心的'文化创新发展廊道'这样一个文化产业功能区的定位。因此，我们提出了畅通文创实验区发展内外'双循环'的思路，注重体现文创实验区发展对内部区域、国内其他区域乃至国外地区的影响。"北京蓝色智慧研究院院长肖梦向记者介绍了实验区指数编制的思路，"站在历史与未来之交的发展拐点上，尤其在'十三五'收官这样一个特殊的时间节点上推出实验区指数，既是对文创实验区成立五年多来的历史复盘，更是与'十三五'这五年全国文化产业发展大局的对标对表。随着文化产业的功能发生深刻变化，作为全国文化产业创新发展的'试验田'，文创实验区有必要去探索运用新的工具寻找自身与新时代接轨的战略切入点，持续扩大示范引领的强烈讯号。"

麻建勋：
朝阳区区域特色
文化产业创新发展

【建言背景】

文化创意产业是指以创作、创造、创新为根本手段，以文化内容和创意成果为核心价值，以知识产权实现或消费为交易特征，为社会公众提供文化体验的具有内在联系的行业集群。

【精彩摘编】

一、推动综合时尚产业文创基地，打造朝阳文创产业新地标。在朝阳区现有的文创产业基地规划中，尚缺乏一个特色鲜明、指向明确的以时尚（服装）设计、时尚品牌运营等现代都市产业为中心的，以时尚设计、品牌运营、国际交流、创新品牌零售为特征的综合性产业园区。

二、朝阳区新型时尚创意综合性产业基地的建设，应注重其国际化内涵和国际化氛围的注入与打造。各种活跃的、国际化的时尚交流与会议、咨询与资讯、教育与培训、知识产权交易、国际化的新兴品牌运营与国际化的新兴品牌零售应成为该综合性基地的显著特征和传播主题。并应着力将其建设成为国际化生活窗口区域的代表性名片。

三、在推动朝阳区时尚产业建设、打造朝阳时尚产业地标、建设国际化新型时尚都市的进程中，建议出台有力的地方政策，推动企业先行、并注重各类行业资源和社会资源的引入和整合，着力形成政府引导、企业实施、各种行业资源和社会资源积极参与的局面，使其成为现代朝阳建设中最具活力的、最具公众参与度的新型都市休闲、消费、生活、工作区。并成为国际上具有影响力和潮流领先力现代都市时尚策源地。

【建言解读】

朝阳区文化创意产业门类齐全，特色突出。从区域分布上看，文化创意产业主要集中在 CBD、奥运村和电子城三大功能区及"北京 CBD—定福庄国际传媒产业走廊"。通过集聚区的带动辐射作用，朝阳区已经初步形成了 7 个市级集聚区和 14 个区级集聚区，是北京市最多的区县。

本建言对朝阳区区域特色文化产业创新发展提出了自己的思考和意见，不仅提出要在朝阳区推动建成综合时尚产业文创基地，合理分析了综合时尚产业文创基地落地朝阳的合理性和必要性，还从政策保障、国际化内涵注入方面提出了建成综合时尚产业文创基地的具体路径。

【延伸阅读】

近年来，朝阳区以"文化、国际化、大尺度绿化"为主攻方向，坚定不移疏解非首都功能，深入实施"百园工程"，构建"高精尖"经济结构，积极探索盘活存量空间、文化引领城市更新的实践路径，取得积极成效。

朝阳区出台了国家文创实验区"政策 50 条"，设立 1.5 亿文化产业专项引导资金，支持园区品牌建设、发展模式创新、完善公共服务体系，促进园区高质量发展；形成工业厂房改造利用、传统商业设施升级、有形市场腾退转型、农村集体产业选择高精尖 4 种园区改造转型模式，为文化产业园区发展提供经验借鉴；紧抓 5G、数字经济发展机遇，引导园区布局文化科技新业态，引进文化科技独角兽、行业领军企业，培育了 E9、恒通等一批文化科技特色园区、智慧园区；朝阳区牵头发起成立京津冀文化产业协同发展中心、全国老旧厂房协同发展联盟、国际文化产业园区联盟，形成联动京津冀、全国各省区市和国际性的协同发展机制。

赵建萍：
发挥园区优势
增强朝阳区文化影响力

【建言背景】

北京的发展定位是国际政治、文化、科技中心，相比东西城区的政治特色和传统文化特色、海淀区的科技教育优势，朝阳区的文化建设需要明确自己的定位，整合利用现有文化园区资源，打造国际时尚文化特区，增强文化影响力。

【精彩摘编】

一、加强对朝阳区文化产业发展的总体规划。进一步推动朝阳区文化产业高质量发展，必须统筹区内八个文化区块的文化资源，制定朝阳区文化产业发展总体规划，因地制宜发展多样性文化产业，突出高端商务、体育、艺术、绿色生态、时尚休闲特色，打造国际国内时尚文化品牌。

二、根据八个文化区块的特色进行多点开发建设。要针对奥运文化体育区、城市绿色生态区、CBD商业区、传媒产业区、时尚休闲区、会展区、文化创意区、乡村文化旅游区等八个文化区块进行详细研究，制定切实可行的措施，进行多点文化旅游开发建设，充分发挥文化资源优势，加强文化社区建设，最大限度地满足辖区内和北京全市居民的文化需求，更好地服务全国乃至国际游客。

三、打造具有全国性、世界性影响的文化品牌和文化名片。朝阳区文化产业发展要立足北京、放眼世界，注重打造全国性、国际性文化品牌和文化名片。

四、提升文化旅游配套服务。发展文化旅游产业，是为了满足人们的精神文化需求、提升文化感受，必须提高文化旅游服务水平。文化旅游配套服务既是增值服务，也是暖心工程，重在细节和周到。

【延伸阅读】

朝阳区现有文化资源数量很多，总体上以高端商务、体育、艺术、绿色生态、时尚休闲为特色。2018年朝阳区新增外商投资集中在商务、文化创意、体育休闲等服务业领域。因此，我们可以将朝阳区文化产业划分为八个文化区块：一是以鸟巢、国家体育馆、水立方、奥林匹克森林公园、奥体中心、中国科技馆、中华民族园、

北京电影学院影视文化产业创新园

亚运村为主体的奥运文化体育区；二是以元大都城垣遗址公园、城市公园、东部郊野公园、在建的温榆河森林公园和温榆河公园朝阳示范区、度假村、农艺园为主体的绿色生态区；三是以国贸、世贸天阶、万达广场、中国尊等为主体的CBD商业区；四是以《人民日报》、央视、《法制日报》《农民日报》、北京电视台、北京电台、凤凰卫视、BBC、美联社等近200家中外知名新闻机构，阿里巴巴、亚马逊等1000余家互联网新兴媒体企业，惠通时代广场、中国北京出版创意产业基地、华腾世纪总部公园等六大文创基地，以及中国传媒大学、北京市第二外国语大学等人才教育基地为主体的传媒产业区；五是以三里屯、工人体育场、东直门使馆区、蓝色港湾等在内的时尚休闲区；六是以国家会议中心、国际展览馆、农业展览馆等为主体的会展区；七是以798艺术区、何各庄艺术园、潘家园旧货市场等为主体的文化创意区；八是高碑店国际民俗旅游文化村、10个美丽乡村等为主体的乡村文化旅游区。

第七章

厚植文化底蕴
展现多彩朝阳

李秋玲：
文化要素引领旅游发展
提质增效促进文旅融合

【建言背景】

随着朝阳区经济地位的提升，文化娱乐休闲设施的逐渐完善，时代艺术氛围的日益浓厚，本区旅游业发展走入高级阶段。未来，朝阳区需要不断增加文化含量、提高文化品位、展示文化特色，切实提升旅游产业文化内涵，推动文化和旅游的融合发展，此举必将推动朝阳旅游产业实现质的飞跃。

【精彩摘编】

一、提升文化要素对旅游品质的贡献率，打造具有国际影响力的特色文化旅游产品

重点打造一个具有世界影响力的文化旅游节。打造一场高水平的文化旅游演出秀，带动一批特色文化演绎、实景体验、展览展出等文化旅游项目，强化文化对旅游品牌的创新驱动作用和旅游对文化传播的作用。进行文化旅游功能区的规划建设试点，建设依托有条件的文创产业园区建设文化旅游功能区。

二、强化公共文化服务市场意识，有力促进公共文化与旅游业融合发展

强化公共文化服务市场意识，拓宽公共文化服务内涵和职能，发挥公共文化服务在促进旅游业发展中的作用。要重视文化文物单位的旅游者体验功能，拓展文化文物单位服务旅游者的职能、通过整合资源、进行文化创意和设计，鼓励文化文物单位开发文创产品，使公共文化设施在满足公益文化需要的同时成为新的旅游新产品品牌。

【建言解读】

这项建言紧跟时代要求，响应国家号召，就朝阳区如何提高文旅产业发展品质提出了切实可行的建议。尤其在旅游演艺秀的打造上，西安华清宫的《长恨歌》是中国首部大型实景历史舞剧，被评为"游客最喜爱的十大夜间演艺"之一，虽然在2020年受到疫情影响，但年度演出季也达到251场，收入过亿元，国庆节期间首开3场演出，被评为国庆期间全国旅游演艺市场TOP1，对朝阳区旅游演艺起到了示范作用。李秋玲委员的这一建议强调了实景体验和文化演绎活动的重要性，引起了朝阳区文化和旅游局等相关各部门的重视。

【延伸阅读】

2019年12月，北京市政府新闻办联合北京市文化和旅游局召开新闻发布会，宣布出台《关于推进北京市文化和旅游融合发展的意见》（以下简称《意见》）。《意见》提出了7个方面共26条工作举措，被称作"北京文旅融合26条"，旨在进一步推动北京文化和旅游的资源优势转化为发展优势，不断满足北京市民和广大旅游者对美好生活的新期待，助力全国文化中心与国际一流旅游城市建设。《意见》作为全国首个省级层面出台的推进文旅融合的规范性文件，引起社会和业界的广泛关注。

《意见》提出的指导思想、发展目标和重点任务紧扣北京承担的大国首都使命、新一版城市总体规划和高质量发展要求，具有鲜明的"北京印记"。同时，《意见》生动回答了"融什么、为谁融、怎么融"这个全行业共同关心的重大命题和现实课题，具有积极的示范作用与借鉴意义。

付海钲：
挖掘展现北京 CBD
工业历史文化印记

【建言背景】

北京 CBD 作为首都国际交往的重要窗口、引领朝阳经济发展的"桥头堡"，在朝阳区发展中的地位举足轻重。2019 年，北京市实施 CBD 国际化提升三年行动计划，围绕国际化城市空间形态、公共服务功能、城市治理能力等开展六大提升行动，打造了开放式、通透式的城市森林公园，满足周边人群的休闲、健身、交流需求。

【精彩摘编】

一、政府联合产、融、学、服 4 个领域的权威人士，从不同领域出发，深挖北京 CBD 背后的历史故事。

二、在文化与旅游深度融合的当下，着力打造特色旅游街区的同时，应当将文化设施、文化产品融入其中，营造特色文化氛围，为北京 CBD 注入历史底蕴与文化内涵。

三、与高校公益项目合作，提升文化传播质量，扩大传播范围。中国传媒大学"数字文化"项目整合文化资源，挖掘文化记忆、传承文化根脉，创新数字化、移动化、影像化的文化呈现形式，用数字技术为文化传播赋能。

【建言解读】

党的十九届五中全会提出，繁荣发展文化事业和文化产业，提高国家文化软实力。2020年9月，朝阳区在北京率先出台文旅融合实施办法，提出要大力培育文旅消费。朝阳区如今高楼林立、车水马龙，很难让人联想到曾经北京人脱口叫得出名字的工厂，几乎都坐落于此；现在也很少有人知道，这片区域是如何由曾经的一片低矮厂房，逐步蜕变为现在国际一流的商务区。付海钲委员的建言顺应朝阳区文旅发展的产业规律，梳理了本区文旅融合实施办法的内容，找出CBD工业历史文化印记这一文旅发展的突出重点资源，就其如何发挥工业遗产园区对城市美好生活的缔造功能做出明确指示。

【延伸阅读】

作为全国首批国家公共文化服务体系示范区，也是全国唯一的国家文化产业创新实验区，朝阳区将打造点线面网的文旅融合发展立体化格局。同时，大力培育文旅消费，搭建新兴消费场景，繁荣夜间经济消费业态。目前，北京CBD工业历史文化印记发展可以从以下三点着手进行。

1. 深度挖掘文化内涵

当下，有关北京CBD的发展大多围绕建设"国际一流的商务中心区"展开，注重科技创新、商业发展、经贸合作，忽视了对CBD历史文化的深度挖掘、展现与传播。

2. 持续供给文化产品

北京CBD集中了北京市各个时期的地标性建筑、世界知名建筑，具有深厚的文化与历史积淀。总体来看，北京CBD经济始终保持高速增长，文化传媒产业成为北京CBD新的重要增长点。如何利用好现有优势，更深入地挖掘、广泛地传播历史文化印记，亟须解决文化产品的持续供给问题。

3．长效传播文化内容

尽管朝阳区定期举办国际文化旅游节等活动，全方位、多角度展示朝阳文化旅游发展新成果，向游客和市民提供不同凡响的朝阳文旅新体验，但要实现 CBD 工业历史文化的长效传播，提升 CBD 的国际影响力，仍应当以优质的内容为核心，依托新技术，实现数字化呈现与传播。

舒刚庆:
传承和弘扬
优秀中华传统文化
助力朝阳城乡一体化发展

【 建言背景 】

朝阳区作为北京市国际化程度最高的区域,农村地区依然占据全区较大的面积,农村地区需要与城区同步实现"国际化、文化、大尺度绿化"一体化发展。产业发展和文化复兴是农村地区保持特色和现代化建设双目标并举的基础,要促进城乡一体化发展,除首先要解决农村土地问题外,如何挖掘农村传统文化,将其与农产品供给和旅游服务、衍生产品相结合,恰当对接城乡市场供求,是目前要关注的重点。

【 精彩摘编 】

一、深入发掘和整理本地优秀传统文化并与市场需求相结合,推动朝阳区城乡一体化发展。通过试点方式大胆探索创新,同时通过不断横向对比和参考其他地区的成功案例来找差距、想对策、补短板,从而为本村的产业振兴和发展创造条件。

二、积极学习借鉴我国台湾地区乡村民宿发展的独特经验。我国台湾地区民宿产业经过几十年的发展,积累了很多独到经验和较为明显的品牌优势,他们在产业发展中非常重视保存和弘扬中华传统文化，并且积极向国外先进案例学习来取长补短促进自身产业发展。

三、进一步引进外脑和智库，为乡村振兴发展提供智力支撑。一是注重学习现代营销策略，更多引入外脑和智库，在市场中发现需求、锁定商机。二是政府及职能部门充分发挥各类媒体和刊物的宣传作用，为农村发展提供学习和借鉴的宝贵机会，并通过试点的方式不断实践，及时总结经验，以便尽快形成可以的复制的发展模式。

四、进一步创新传承和弘扬传统文化的方式方法。一是充分利用 App 和微信群等方法，加强传播，扩大影响，提高宣传教育效果。二是利用和整合现有的远程教育站点、农家书屋等文化设施服务平台，使乡情村史陈列室真正"活"起来、"动"起来，更好地为推进农村城市化、建设美丽乡村服务。

【建言解读】

乡村振兴与中华优秀传统文化传承二者具有天然的内在联系。针对朝阳区传统文化资源的分布，舒刚庆委员指出，要全面实施乡村振兴、弘扬传统文化，相关配套政策需要进一步完善。国家政策明确支持农村土地的三权分置改革，但是目前在实际工作中，农民在承包土地的流转和农村宅基地的使用中依然面临缺乏相应具体土地政策的支持和配合，因此难以进一步有效挖掘乡村振兴的发展潜力。此外，引入社会资本参与乡村振兴的方式方法还有待进一步创新，部分村民和基层干部在一定程度上还存在着"等靠要"的思想，单纯等待和依赖社会资本的引入，认为只有等到国家和上级政府的补助资金到位才能给村里带来希望和转机。

秦利国：
推进生态文化
建设影响力

【建言背景】

2020 年，新冠肺炎疫情和各种自然灾害的发生及国际社会的复杂性、不确定性增强，使我国文旅产业发展遭遇国内国际的双重压力，也对我们在强化文化建设方面的工作提出了新的问题和思考。

【精彩摘编】

第一，朝阳区文旅局携同教育、卫健部门组织中小学生、幼儿园儿童开展文旅活动，让孩子们通过参与文旅活动，提高对中华文化的认知以及提升自身能力，为进入社会成为有为之人奠定文化基础。

第二，希望将中华传统文化教育与家庭教育结合，在机关、企事业单位举办传统文化课堂，在社区举办传统文化节活动。

第三，朝阳区文旅局制作了大型剧目"二十四节气"，希望将这种类型的项目导入到教育教学及教学环境中。

第四，引导社会企业和公益基金建立文化专项基金，向文化事业上捐赠，补充文化传播经费不足的现象，同时也会带动中国社会公益行为的普遍推广。

第五，由于疫情原因回国的留学生增多，要为这部分人群做好回国后的继续教育和就业服务工作，及时有效地在他们中开展多种形式的中华文化宣传教育工作。

第六，定期组织在华外国留学生参加朝阳区组织的文化活动，参观朝阳区的文化场所，组织留学生举办中华文化活动。

第七，将朝阳区文旅事业与养老服务结合，通过区域内的养老行业组织与全国各地的养老服务组织建立广泛的联系，积极主动地开展文化养老、旅居养老服务工作。

【建言解读】

2019 年 3 月，朝阳区文化和旅游局正式挂牌成立，标志着朝阳文化旅游事业发展迈入了新的阶段，为"十四五"时期进一步深化文旅高质量发展奠定了良好的基础。秦利国委员从朝阳区旅游生态资源数量和结构出发，提出三大建设方向：一是以"四大主线、十大工程"为统领，公共文化服务效能显著提升；二是以产业结构转型升级为工作主线，传统旅游产业实现提质增效；三是以机构改革为契机深化融合发展，开创"以文促旅、以旅彰文"的发展新局面，建议切实可行，具有重要的借鉴意义。

【延伸阅读】

中华文化是世界上最古老的文明之一，也是世界上持续时间最长的文明。长期以来，中华文明同世界其他文明互通有无、交流借鉴，向世界贡献了深刻的思想体系、丰富的科技文化艺术成果、独特的制度创造，深刻影响了世界文明进程。展示、构建和强化中华文化是让世人更好认识中华民族、让子孙后代了解中华文明并热爱祖国的重要工作。

自改革开放以来，我国在经济、政治、社会等诸多方面得到了突飞猛进的发展，同时国外的文化也随之进入中国，我们一定要结合本土文化对其进行改良，以适应我们的国情、适应我们的民族文化。

黄峻雄：
利用"文化＋"
推进朝阳区文化产业创新发展

【建言背景】

2014 年 3 月，国务院发布《关于推进文化创意和设计服务与相关产业融合发展的若干意见》，就相关工作提出明确要求。北京市朝阳区紧跟国家政策步伐，在"十三五"期间大力推进文化产业与其他产业的融合发展。作为第二批国家级文化和科技融合示范基地，朝阳区科教文化资源丰富，各类创意人才荟萃，为朝阳区文化融合类产业发展夯实了基础。

【精彩摘编】

一、加强与政策对接问题。

二、加强与资本对接问题。

三、加强与科技对接问题。

未来，北京市、朝阳区还将继续加大扶持力度，文化创意产业将更加增强科技含量、更加面向国际市场、更加关注低碳发展，更加惠及普通民众。推动文化创意产业快速发展，需要凝聚各方智慧，形成发展合力，为此希望在座的委员们对北京市和朝阳区文化创意产业的发展继续给予高度关注和大力支持,不断深化交流合作,共同推动首都"四个中心"的建设工作!

【建言解读】

文化产业与其他产业融合发展是当前全球化和城市化发展的必然要求。文化产品作为精神生产产物,具有明显的意识形态属性,实施"文化+"战略不仅能够有效激发文化产业的创新创造活力,更有利于提高其他产业的内容涵养和生命支撑力。黄峻雄委员从"文化+政策""文化+科技""文化+资本"三个方面对朝阳区文化产业创新发展提出建议,切实推进朝阳区文化产业结构转型升级,有助于释放文化产业潜能。此外,旨在缓解文创企业融资难题而建立的"补贷投"联动体系和文化科技融合企业的认定管理办法的出台,能够有效支持文化企业发展。

【延伸阅读】

美克洞学馆曾是有名的"攒机大本营"百脑汇电脑城,经过400多天的改造升级,曾经的老旧商业空间华丽转型,成为朝阳区一处商业、文化、科技和社交跨界融合的新零售艺术空间,推动城市新消费升级。馆内功能业态由家居用品、时尚餐饮、文化休闲所组成,为消费者提供极致的生活环境感受和居室文化的"五感"艺术体验,让消费者在感受艺术的同时,将文化氛围与生活场景融合在一起。

此次老旧空间的改造提升,是朝阳区对商业主题消费场景进行全面升级的又一次尝试,更是落实朝阳区促进新消费引领品质新生活三年行动计划的重要举措。"十四五"时期,朝阳区将进一步升级商业消费新场景,打造一批精品商圈,推动三里屯、CBD、蓝色港湾等核心购物商圈品质提升,加快颐堤港二期、郎园Station等项目建设,构建亮马河—坝河国际风情商业带,推动奥运功能区商业转型提升,打造首都地标性商圈;提升南部地区新消费环境,规划建设直播基地,促进直播带货等"网红经济"发展。推广"望京小街"经验,支持华贸天地西街等商业发展,打造一批舒适便捷、科技感强的网红街区。培育新零售新服务业态,构建集虚拟购物、网红直播、游戏娱乐等于一体的新消费场景。

柳学信：
加快朝阳区
文化创意产业转型升级

【建言背景】

习近平总书记在 2017 年视察北京城市规划建设指出：疏解北京非首都功能是北京城市规划建设的"牛鼻子"。北京的发展要着眼于可持续，在转变动力、创新模式、提升水平上下功夫，发挥科技和人才优势，努力打造发展新高地。朝阳区作为首都城区中面积最大的区，对疏解北京非首都功能应该发挥重要作用和影响。高新技术产业、现代服务业、文化创意产业是朝阳的三大支柱性产业，文化创意产业已成为推动朝阳产业升级和产业结构调整的引擎。

【精彩摘编】

一、加快产业转型升级。以文化创意产业的创新发展带动区域产业融合升级。充分发挥文化传媒、广告会展等传统产业优势。聚焦高端产业和高端环节，积极推动文化产业与新兴科技、金融的融合。

二、吸收多方社会力量。加强商会、协会、联谊会、俱乐部等多形式的社会中介组织的建设。

三、培养品牌企业和高端人才。吸引并培育更多品牌企业在朝阳区发展。同时加强文化创意人才、经营管理人才等专业人才的引进。

【建言解读】

北京有众多由老旧厂房改造升级而来的文化创意产业园区，如懋隆文化创意产业园，被称为中华老字号里的文化新时尚。柳学信委员着眼文化创意产业发展的小切口，建议引进发展高端产业，积极推动文化产业与新兴科技、金融的融合，同时发挥多方人才和组织的功能，为朝阳区培育更多文化创意产业品牌。从更具体的发展内容来看，文创园区应该积极举办各种创意和艺术交流会和各类中外文化艺术品展览活动，汇聚各方精英人才和企业，激发园区创新创造活力。

【延伸阅读】

作为文化创新试验区，朝阳区承担着为全市文化产业发展探索经验并转化推广的重任。在京津冀协同发展的战略背景下，首都城市功能更加聚焦，站在城市规划的新高度，未来文化创意产业园区的发展亟待厘清和破解一些瓶颈难题。

1. 政府应转变角色定位

文化产业发展从无到有，离不开政府部门的推动和扶持。随着文化创意产业的转型和商业模式的变革，仅依赖政府提供公共文化服务并不能满足公民的需求，各类融合创新组织对区域创新氛围、公共服务设施、产业引导政策等方面提出了更高的要求。政府需要把公共服务产业面向社会和企业，形成多主体参与，在园区建立各种类型的组织载体和平台，通过组建文化创意产业园区联盟等形式，构建多元的沟通和交流渠道。

2. 品牌塑造应突出区域特色

文化创意产业园区除了经济功能，还承载着树立区域文化名片的特殊责任。实践中需要更加强调产业园区的特色建设与品牌之间的联系，避免在发展中盲目跟风。要引导文化创意产业园区强化行业品牌的建设，突出文化创意产业园区自身发展的特色模式，结合园区区位条件、建筑形态、文化资源丰富和完善园区的品牌内涵。

张志雄：
深入挖掘朝阳区
传统历史文化资源

【建言背景】

近年来，朝阳区在传统文化的发展上给予了足够的重视，也投入了大量的人力物力。在《朝阳区保护与传承优秀传统文化行动计划》（2017年—2020年）的正确指引下，朝阳区紧紧围绕漕运文化、奥运文化、使馆文化、工业文化等区内众多文化资源，开展多种市民文化活动，举办大型文化展览，为传承优秀传统文化不竭余力。随着时代发展和文化市场变迁，朝阳区的传统历史文化建设正面临着新的发展要求。

【精彩摘编】

要进一步厚植朝阳区域文化底蕴，发掘朝阳传统历史文化资源，不仅为日新月异中的朝阳留住乡愁、留住记忆，而且为朝阳文化旅游产业大发展打下一个坚实的基础。

建议成立专门组织机构，制定长远发展规划，同时呼吁社会各界力量关心支持优秀传统文化发掘发展工作，深入挖掘北京市优秀传统文化成果，应从挖掘整理、人才培养、旅游、传播媒介、全民健身等几个领域着手，全面弘扬传承。

朝阳文化正朝阳，在深入挖掘朝阳区传统历史文化资源的基础上，还应认真思考如何合理利用文化资源。我建议，可以与发展旅游相结合。旅游业是关联度大、经济效益高、辐射面广的产业，旅游业的发展壮大可以成为全市新的经济增长极。

而在依托文化资源大力发展旅游业的同时，还可以与新农村建设相结合。遵循城乡有别、因地制宜的发展思路，在新农村建设过程中，要将具有文化特色和遗存的村落进行分类，有针对性地制定建设规划，打造独具特色具有精神内涵的新农村。

【建言解读】

居安思危，朝阳区的发展不仅要看到丰富的成果，也要善于反思发展中不合理不充分的地方，要有自上而下的文化自觉意识。张志雄委员深知这一点的必要性和重要性，对朝阳区传统文化资源传承发展做出了如下思考：本区开展传统历史文脉发掘与历史文化风貌保护利用研究工作做得还不够，系统性、科学性有所欠缺，重视程度与我们的经济社会发展还是不相适应，甚至有所欠缺。一些工作流于形式、浮于表面，没有制定科学的发展规划和系统的人才培养计划，这必然会造成传统文化发展的后继乏力。

【延伸阅读】

现代化城市追求的不只是华丽的外表，还应有深刻的文化内涵。传统历史文化资源对于提升现代化城市的文化品位，具有十分重要的作用。可以说，文化是一座城市的生命和灵魂，是城市的内核、实力和形象，一个有文化的城市才能展现自身独特的魅力，让人们从不同的角度把握这座城市的生命。

朝阳区蕴含着多种文化元素，文化遗产丰富。据普查统计，各级文物保护项目106项，其中国家级非遗项目5项，如北顶娘娘庙、龙王庙、弥陀古寺、图海家族墓碑等知名文物单位；博物馆林立，有北京民俗博物馆、中国紫檀博物馆、观复博物馆、中国电影博物馆、北京西藏文化博物馆、北京科举匾额博物馆、国家动物博物馆等，还有近现代优秀建筑、工业遗址近30处。北京有文物商店63家，40多家在朝阳。朝阳区有潘家园古玩城、天雅古玩城、高碑店古典家具一条街、吕家营旧货市场、十里河工艺品市场等古玩艺术品市场、旧货市场11家，年交易额达40亿元。

中国电影博物馆

　　北京朝阳区始终重视文化传承，致力于推进优秀传统文化建设。在加强文物保护利用、建设传统文化传承基地、打造多彩文化生活等方面持续发力，将传统文化的历史内涵和人文价值融入朝阳新时代发展之中，真正做到了让优秀传统文化薪火相传。

王维刚：
创新中医药文化
助力朝阳建设发展

【建言背景】

中医药因植根于中华文化而发展，承载着中华文化的基因，延续着中华文化的血脉，展现出跨越时空、体现当代价值的文化精神。朝阳区作为全国首个唯一的国家级文化产业创新实验区、北京市首个中医药服务贸易试点区，在深入开展中医药文化创新上有着得天独厚的条件和优势，应着力为中医药理论创新、制度创新、科技创新提供适宜的环境和土壤，实现中医药文化创新性发展。

【精彩摘编】

创建一个以中医药文化为主题的公园，或以中医药文化为主题的创新产业园区，通过提炼与创新中医药文化，突出强烈的中医药文化特色和鲜明独特的个性，打造中医药文化创新的典范。

一是园区内成规模汇集中医药文化和产业，包括中医的医疗文化、养生文化、饮食文化、休闲文化，设置中医医疗机构、中草药植物园、中医博物馆、中医会展馆、养生馆、药膳馆等，全方位展示中医药文化，全方位提供中医药服务。

二是利用文化的影响力，加强与旅游业、会展业、餐饮业、娱乐业等产业互通，扩大中医药产业多样化，打造成中医药产业的集群区、中医药文化的展示区、中医药服务的体验区。

【建言解读】

2017 年，朝阳区打造了北京市首个中医药服务贸易试点区，并正式开通上线朝阳国际中医健康网，初步设计出中医药医疗、保健、教育、科研、文化、商务养生旅游等 7 项服务内容统计指标。"十三五"期间，朝阳区不断推动区域内社会资本举办的中医医疗机构"走出去"，支持它们在海外拓展中医药服务。王维刚委员从中医药文化传承与文化旅游相结合出发，建议建设中医药为主题和特色的公园，让人们能够在休闲放松的同时接触到东方传统医疗文化。中医药文化迈向国际的前提是中国民众要有自觉传承的意识和行为，将其融入民众日常生活是提高中医药文化传播效力最有效的方法，这一项功在当代、利在千秋的伟大事业任重而道远。

【延伸阅读】

我国首部《中医药法》的正式颁布，第一次从法律层面明确了中医药的重要地位、发展方针和扶持措施，为中医药事业发展提供了法律保障，这意味着中医药正式迈入了有法可依的时代，"中医药振兴发展迎来天时、地利、人和的大好时机"。朝阳区紧握时代趋势，创新知识、创新技术、创新服务、创新产品，决心更好地发展中医药事业，服务人民群众健康福祉，为首都文化中心建设增添朝阳区的文化特色，为朝阳区疏解增绿上水平、优化提升城市功能做出贡献。

阙存一：
推进朝阳区
文化融合发展

【建言背景】

近年来，朝阳区从服务首都"四个中心"战略定位出发，将文化引领作为区域发展的主导战略，取得了一批开拓性、引领性、标志性的文化创新成果。朝阳区作为全国首个国家公共文化服务体系示范区和唯一的国家文化产业创新实验区，要聚焦"文化引领"，以"两区"建设为抓手，探索推进文化事业与文化产业深度互动，促进跨要素、跨行业、跨平台融合，为朝阳区域全面发展提供有力的文化支撑。

【精彩摘编】

一、进一步提高认识

一是要聚焦思想共识。加强首都文化中心建设，是贯彻落实首都城市战略定位、建设国际一流和谐宜居之都的必然要求；二是要提高站位，高点定位，积极对接建设"四个中心""一核一城三带两区"的工作要求；三是要加强组织领导，理顺领导体制，完善区级层面的统筹协调机制；四是提高抓统筹、抓重点意识。

二、大力营造环境

一是营造人文环境，提升城市品质。在细节上下功夫，提升公共文化服务水平和区域文化品位；二是营造文化交流环境。发挥朝阳区的国际化优势，挖掘利用好国际文化资源，为文化融合发展创造条件；三是要重视法治环境、服务环境和政策环境建设。

三、积极改革创新

一是要调动好社会力量，把政府"有形之手"和市场"无形之手"结合起来，积极搭建平台，把区域内丰富的文化资源活力激发出来；二是要创新服务方式，以需求为导向，推动文化供给侧结构性改革，提升城市品质。

四、完善政策体系

一是要对现有文化发展政策进行梳理，加强整体设计，从财税引导、资金扶持、人才建设等各方面完善政策；二是要加强文化融合发展相关政策的研究，通过政策的导向作用，破解融合发展的瓶颈问题，建立起文化事业与文化产业融合发展互为一体的良性机制；三是发挥好文化扶持资金的杠杆和导向作用，带动社会资本向文化融合发展方向投入，提高文化扶持资金的使用效益。

五、实施"文化 +"战略

朝阳区的文化融合发展应该包括四个方面：一是"两区"的融合，二是文化事业和文化产业的融合，三是传统文化和现代文化的融合，四是文化与科技、金融、体育等产业要素的融合发展。

【建言解读】

朝阳区推进文化融合发展有着良好的基础和广阔的发展空间，大有可为。但与国际文化发达国家地区相比，朝阳区文化融合发展仍存在诸多不足，如文化融合发展理念有待强化、融合发展质量有待提升、领导体制和工作机制有待完善及保障体系有待改善。阚存一委员对这些问题保持着非常清醒的认识，他认为朝阳区文化融合发展的理念需进一步强化、内涵需深入挖掘，文化融合发展的平台和渠道整合工作需要加强。政府作为推进主体，文化融合发展的相关政策需要与公共文化对接，参与文化建设的人才队伍需要加强综合性、创新型，同时全社会应该形成有利于文化融合人才发光发热的人文环境、法治环境、服务环境。

葛友山：
发挥传统文化优势
助力朝阳区"文化+"战略实施

【建言背景】

"文化+"战略思路，是以文化为主体或核心元素的一种跨业态的融合，它代表的是一种新的文化经济形态，即充分发挥文化的作用，将文化创新创意成果深度融合于经济社会各领域，形成以文化为内生驱动力的产业发展新模式与新形态，充分参与国际文化竞争。

【精彩摘编】

一、推进文化典籍资源数字化建设

支持文化研究者的基础工作，加强中华优秀传统文化典籍整理和出版，推进文化典籍资源数字化；着力构建有中国底蕴的思想体系、学术体系和话语体系。

二、培育和引导文化非营利组织建设

培育民间"文化非营利性组织"能有效推进文化市场的开放程度，可承接政府

项目的研究、管理职能，避免对文化价值做不恰当的判断。

三、完善传统文化领保护域的制度建设

应建立相关文化遗产数据库，健全传统文化遗产利用开发机制，公开相关文献资料和物质遗存信息，在基础研究方面设立激励机制，鼓励并保障第三方"民间文化非营利机构"参与社会传承研究，帮助对接社会资源，保护研究成果知识产权，保障传统文化传承研究成果的有效利用。

【建言解读】

文化是民族的血脉，是人民的精神家园。文化自信是更基本、更深层、更持久的力量。中华传统文化独一无二的理念、智慧、气度、神韵，增添了中国人民和中华民族内心深处的自信和自豪。中华传统文化是民族的"根"和"魂"，积淀着中华民族最深沉的精神追求，凝聚着中华民族最根本的精神基因，如果抛弃传统、丢掉根本，就会割断自己的精神命脉，在世界文化激荡中迷失方向。葛友山委员认为，朝阳区应该弘扬其讲仁爱、重民本、守诚信、崇正义、尚合和、求大同的时代价值，使优秀传统文化通过创造性转化成为社会主义先进文化的不竭源泉，使中华民族复兴的文化根基不断得到巩固。

【延伸阅读】

文化产业的发展需要更科学有效的制度化建设，需要有专业研究、国民教育、社会传承、创新创作、日常生活方式、文化交流各层面的支撑。

董晓雷：
朝阳区文化与旅游
融合发展研究

【建言背景】

2019 年，为庆祝中华人民共和国成立 70 周年，北京市文化和旅游局召开了深化机构改革工作部署会，切实从国家建设发展高度和首都改革发展全局，打通文化资源和旅游要素，将整合的资源优势转化为文化和旅游发展新优势，努力开创文化和旅游工作新局面。

【精彩摘编】

一是要由区文化和旅游局牵头，抓紧研究制定文化与旅游产业融合发展总体规划、重点区域系列专项规划及实施方案，切实形成文化与旅游产业融合发展的合力。

二是要坚持改革创新，进一步制定完善并落实好支持文化与旅游产业融合发展的相关政策，有效发挥政策的驱动和激励作用。

三是加大文化旅游产业的推广宣传，切实提高朝阳区文化旅游产业的美誉度、影响力，进而提高文化旅游产业的社会效益和经济效益。

目前,798艺术区将艺术与旅游进行了结合,奥体中心水立方将体育竞技文化精髓和旅游进行了融合,科学技术馆、紫檀博物馆等现代科学技术与传统文化的碰撞都标志着朝阳区文化与旅游产业融合发展取得了可喜的成绩。董晓雷委员就朝阳区文化与旅游融合创新发展提出了"五大统筹"方向:要强化顶层设计,统筹利用文化和旅游资源、统筹推进文化和旅游公共服务、统筹文化产业和旅游产业融合发展、统筹文化和旅游国际交流合作、统筹打造文化和旅游融合品牌等,实现高质量发展。

水立方

当前朝阳区政府对外公布的数据中显示,2018年朝阳区限额以上住宿和餐饮业企业累计实现营业额417.6亿元,同比增长8.2%。这表明朝阳区旅游产业呈现欣欣向荣的局面，而在北京文旅融合的相关文件精神下，朝阳区下辖三里屯、798艺术区、奥体中心等知名旅游景点作为首批文旅融合的试点，已然为朝阳区文化旅游融合事业的发展提供了参考和借鉴，同时，摆在朝阳区文旅发展面前的是更新的要求。

2019年3月朝阳区文化和旅游局挂牌成立，这不仅是两个部门的简单合并，更是职责职能的转变，更加体现了朝阳文化旅游工作理念的重大转变。但两个部门的转变，不仅是文化和旅游的深度融合，更是两个行业要加强资源整合实现共享，甚至是领导班子和干部队伍的整合和融入。

同时，朝阳区文化旅游产业中最为知名的要数798艺术区、奥体中心及三里屯。但不论是艺术区或博物馆，还是奥体中心，均对专业人士更具吸引力。如何将其打造成像长城、故宫、颐和园这样的经典景点，切实解决朝阳区优秀景区和旅游目的地知名度不高、客流量较少的问题迫在眉睫。

王果毅：
古运河底蕴和文化资本深度融合发展

【建言背景】

朝阳区大力引导高端产业聚集融合，持续吸引外资企业与机构入驻，国际化资源丰富、商务氛围浓厚、资本市场发达、高端人才汇聚等优势日趋明显，CBD、奥运功能区等国际交往中心的作用日益凸显，已经成为集科技、金融、文化等重点行业领域和重要市场机会于一身的国际性区域，是首都北京与世界交往的重要窗口和亮丽形象。

【精彩摘编】

一、在"十四五"规划中侧重于朝阳区文化产业布局，通过政策引导，品牌塑造，吸引国际国内资本参与朝阳文化产业发展，引领传统产业转型升级，打造朝阳区"国际文化产业名片"。

二、利用 CBD 国际商务中心和通惠河古运河历史脉络独特优势，在通惠河区域发展古运河文化产业带，将 CBD 及周边地区打造成融和国际商务与旅游文化相结合的中央国际文化交往和先行区。

三、充分借鉴西方文化在传播过程的经验教训，加大朝阳区文化国际交流力度。积极寻求在海外筹建或建立办事分支 / 代办机构，推行朝阳本土传统历史文化"走出去"战略。

—— 王果毅、董志龙、李旭、李峻铖、刘俊卿、秦莉、沈永

【建言解读】

在当前全球化浪潮进程中，5G、物联网、区块链概念不断深入人心，传统行业单靠自身发展已力不从心，两业融合、多业融合已成为共识，为传统行业、传统产业注入新的活力和新的元素已成必然。在这样的时代背景下，朝阳区传统文化底蕴未得到充分发掘，未能充分与朝阳区既有生成的国际化城区形象对于传统文化底蕴的需求相匹配（特别是国贸 CBD 区域中国传统文化消费尤为稀缺）。政府要有更多适应性，要有更多新规划、新思想、新文化，但并不意味着朝阳通惠河文化乃至千年古运河漕运文化已经成为落后时代的文化。根据王果毅委员的建言内容，在不断推进朝阳区国际交往中心建设的过程中，发掘朝阳古韵古遗址，推崇朝阳文化传统民居，保护历史建筑和文化遗存，讲好朝阳故事，展示朝阳文化，商务、科技、金融、文旅多业融合，可以有效缓解并逐步解决朝阳区所面临的国际化优势地位与区域历史民族文化发掘建设速度缓慢之间矛盾。

【延伸阅读】

欧洲多瑙河对沿岸九国城市群文化的影响也是我们可以参考和借鉴的经典，如具有巴伐利亚风情，古堡、教堂、古老酒肆与现代制造业、电子工业交相辉映、见证德意志民族历史的美丽城市——累根斯堡，以音乐圣殿金色大厅为代表的华丽建筑，风景绮丽、郁郁葱葱、绿荫蔽日的森林公园与广阔的自行车网络享誉世界的世界音乐之都、全球最宜人居城市——维也纳，有着"东欧巴黎"和"多瑙河明珠"美誉的匈牙利之骄傲——布达佩斯，多瑙河与巴尔干半岛的水陆交通要道、欧洲与近东的重要联络点——巴尔干之钥贝尔格莱德等。

复古即为创新，复古即为更为有效的历史非遗文化的保护和传承。只有民族的才是世界的。应以古运河文化带遗产景观保护和发掘为主线，全面展示古运河文化

魅力、人文气息，构建城市绿水空间新格局和水光山色生态文明带；沿古运河布置休闲娱乐商务区和文化旅游区，现代城市音乐节与休闲步道等快慢双节奏文化并存，集中承载服务北京核心城区与北京城市副中心桥连功能；建成以金融创新、互联网产业、高端服务为重点的综合功能片区，重点发展文化创意、旅游服务等产业；深入挖掘、保护与传承以古运河为重点的历史文化资源，对沿河古城、古镇、会馆、仓储、钞关进行整体保护和利用，改造古河道、古码头、古堤埝、古闸坝等历史遗迹。

叶昊：
疫情后朝阳区
支持文化和旅游业发展的
几点建议

【建言背景】

2020 年受新冠肺炎疫情影响，全国乃至全球的文旅行业遭受重创。随着疫情逐渐好转，国家应对措施已经从全面严格管控转向分区分级分类管控。作为恢复经济和消费的重要手段，各级政府已经出台面向社会全部包括文化旅游行业在内的若干救助措施，北京文旅系统也逐步解禁。

【精彩摘编】

一、出台具有振兴性质的政策计划和编制五年规划。以三到五年为期限，设立文化旅游休闲基金。延长或加大文旅企业税费减免优惠政策。联合一批文化和旅游单位，以发放文化和旅游专项居民消费券形式，鼓励市民进行常态化的文化和旅游消费。

二、以长远眼光建立长效机制夯实长久基础。进行文化和旅游资源普查。对朝阳区内的文化和旅游资源重新进行普查，结合自身特点和国家标准，对朝阳区文化和旅游资源进行定义和分类、摸透家底，聚拢资源、寻找路径、启发未来，并作为政府指导文化和旅游业发展的重要决策依据。

三、兼顾国内国外，形成新发力点和创新点。重视因疫情改变的国民休闲偏好，形成新的发力点和创新点。精神消费是与生产性消费、生活性消费、商业消费并列的第四大消费形式，鼓励把精神消费作为文化和旅游消费的重要方向，培育新业态新经济，发展物质和精神兼顾的新型文旅产品。

【建言解读】

朝阳区文化和旅游业作为现代服务业龙头和重要的消费领域，在保就业、保民生、保市场主体等六保六稳中具有重要意义，应当立足当下，放眼中长，系统强化行业措施，实现稳中求进的发展步调。叶昊委员建议具体事件具体规划，对2020年、2021年竣工和开业的项目给予特别财政支持，对重点旅游企业及新业态项目在不违反国家法律法规前提下采取一事一议、特事特办；立足国内国际搞创新，鼓励企业利用国际资本，投资海外项目，拓展产业链条；重新梳理朝阳文化和旅游的比较优势和竞争性优势，将文化自觉、文化自信和大国形象结合进行创新发展，对疫情后朝阳区文化旅游事业恢复工作具有建设性的借鉴价值。

【延伸阅读】

2020年突如其来的新冠肺炎疫情，对文艺演出、影视剧院、会展、旅游、实体书店等文化行业企业带来了较大影响。在疫情防控常态化形势下，为帮助文化企业渡过难关，助力文化企业快速复工复产，朝阳区积极贯彻落实中央、北京市疫情防控的各项部署，按照"六稳""六保"要求，坚持综合施策、多措并举，统筹推进疫情防控和全面复工复产达产工作，持续加大政策支持和精准服务力度，全力保社会民生、稳岗就业，提振企业发展信心，帮助企业渡过难关。随着疫情防控形势的好转，文化企业基本实现全面复工复产，文化产业复苏发展良好势头凸显。

朝阳区紧抓5G、大数据、人工智能、超高清视频、虚拟现实等新技术发展，以及疫情常态化下涌现出的文化消费新业态、新模式，通过政策引导、活动策划、园区功能升级等综合措施，加快培育壮大新业态新产业，助推区域消费市场活力回升。

为进一步帮扶受疫情影响较大的实体书店尽快恢复良好运营，朝阳区研究制定了《朝阳区关于支持实体书店发展的实施意见》。同时，为推进文旅融合发展，研究制定《朝阳区特色文旅消费街区认定办法》，进一步释放文化消费潜力。

陈巴黎：
恢复八里桥"一桥两楼"建制
再现大运河独特景观

【建言背景】

八里桥原名永通桥，由于中间大券如虹、两旁小券对称的造型，"八里桥不落桅"的美誉在京城广为流传。随着城市发展，八里桥成为连接通州与朝阳、居民出行的交通要道，车辆从桥身通行，致使桥体受到损坏。2019 年，经过市区政府各部门的努力协调，在八里桥东侧新建了一座永通新桥并正式通车。原来的老八里桥禁止机动车通行，恢复了历史原貌。

【精彩摘编】

第一，根据历史记载恢复八里桥的历史风貌，符合文物保护原则。北京目前仅存 5 座桥牌楼，都在颐和园内，如果将八里桥的牌楼复建，它将成为目前唯一一座可以在大街上就能看到的桥牌楼，对于营造大运河独特城市景观意义重大。

第二，中国的桥不仅具有交通功能，桥文化中还有行善、立功德、宣扬表彰的传统理念。八里桥位于朝阳区与通州区的交界处，属于界桥，桥的西端是朝阳区，东端是通州区，东西两座牌楼可以成为朝阳区与北京城市副中心分界的标志性建筑。

第三，1860年，英法侵略军自天津北犯京师，清军在八里桥进行殊死抗击，史称"八里桥之战"。牌楼重建，恢复古桥原貌，也是对这一历史事件的特有纪念。

【建言解读】

"十三五"时期，北京市把文化保护与首都城市建设相结合，启动大运河文化带文物保护与历史发掘，八里桥转岗为大运河文化带及北京城市副中心的一处重要文化遗产展示点。2020年，朝阳区推出古风、秋韵、文创3条大运河文旅线路，共13个打卡点，市民可按图索骥赏美景、品文化。其中，大运河·秋韵线路由4座公园组成，分别是萧太后河沿线—马家湾湿地公园，通惠河沿线—庆丰公园，坝河沿线—将府公园，温榆河沿线—温榆河湿地公园。它们连点成片，构成运河文化生态融合发展新格局。陈巴黎委员立足八里桥"一桥两楼"建制，对"一桥两楼"的保护和开发两方面工作做出了正确的指示和建议。"十四五"开局之年，北京市将结合"十三五"建设成果，对八里桥周边文化元素进行整体设计，将其打造为大运河文化带及北京城市副中心的一处历史文化遗产展示点。

【延伸阅读】

北京是我国历史上牌楼设置最多的城市，著名的正阳门五牌楼就是因正阳桥而得名。北海大桥东西两端也原有两个木牌楼，"金鳌"（西牌楼）与"玉蝀"（东牌楼），因此北海大桥曾被称作"金鳌玉蝀桥"。但随着城市发展，现存牌楼已不多见。

八里桥原名永通桥，原为市级文物保护单位，与丰台区的卢沟桥、昌平区的朝宗桥并称拱卫京师的三大古桥，具有极高的艺术价值。尤其是桥梁的造型，中间大券如虹，两旁小券对称，在北京桥梁史上极为罕见。2014年，大运河申请联合国世界文化遗产成功后，八里桥作为北京地区大运河文化遗产的重要见证，被列为全国重点文物保护单位。

李鸿飞：
发展高质量
特色文化经济

【建言背景】

近年来，朝阳区文化和国际化的优势愈加突出，"十四五"时期，朝阳区启动了数字化建设、数字区域经济、自贸区建设，智慧冬运、文化朝阳，国际化特色等成为发展重点。

【精彩摘编】

一、创建朝阳商媒平台，通过政策扶持和媒体大力宣传，以不同板块区域为基点，打造朝阳区以文化商业和活动旅游定位的内外两条环形链接走廊。以商业消费和生活消费为主体定位的，以商场酒店和商业区为主的环形走廊区链。

二、抓住冬奥契机，提前布局智慧冬奥和数字冬奥的基础建设及综合服务系统，完善相关管理规定，利用好朝阳区文化和国际化的优势，将冬奥红利落地朝阳。

三、建议发展朝阳区夜间灯光工程，树立朝阳区以文化和国际化为主导的品牌理念，吸引投资和外部人流晚间来区消费，增强以文化和消费为主体的区域活力，提振朝阳经济。

四、推动大数据发展应用和数字经济体系的实施，参考学习国外先进经验和国内其他城市的先进做法，推进数字金融的实施，助力民营企业和中小微企业的生存发展。

五、建立多维度各级智库，让各行业各领域的专业人才为朝阳区的全面发展提供有效建议和有力支撑。

【建言解读】

朝阳区是北京的重点文化区域，也是北京国际赛事的重要承办区域。结合冬奥契机，可提前综合布局相关产业的建设规划和配套系统的建立运营，以体育赛事带动文化和国际化的宣传推广，带动朝阳区相关产业形成上下游配套体系，带动经济内循环，带动外来投资和消费，推动督导相关产业提前布局规划。李鸿飞委员认为，朝阳区集中了国际赛事的著名场馆景观、展览展示区域、会议活动区域、体育健身区域、多功能综合休闲娱乐场所、文化艺术区域、科技创新区域等，文化优势明显，并提出朝阳区要在众多不同特色定位的综合商业体区域形成以特色区域为主，以区间服务业为辅的完整商业文化区链，以服务于不同需求的消费人群，吸引不同层次的消费主体，形成完整商业服务产业链，拉动朝阳区内需，同时吸引周边行政区及周边城市人流前往休闲娱乐和消费，促进朝阳文化及商业的复苏和发展。

【延伸阅读】

自冬奥筹备工作启动以来，朝阳区主动向前一步，全面梳理工作基础和主要任务，与冬奥组委积极对接，提前策划谋划环境提升、文化文明建设、安全保卫等工作。目前，朝阳区已成立了 2022 年冬奥会和冬残奥会朝阳区运行服务保障指挥部由区四套班子主要领导任指挥长，构建起 1 个区运行保障指挥部和 11 个工作机构的"1+11"体系架构，国家速滑馆、国家体育馆、国家游泳中心 3 个竞赛场馆已经完工，并通过开展市容环境、交通秩序、旅游秩序、市场经营秩序等集中治理，高质量做好测试活动测试赛服务保障工作。

朝阳区将继续坚持对标对表，强化工作统筹，做到组织到位、力量到位，确保各项工作部署落实落地。全面梳理目标任务，细化分工、明确责任、科学组织，严格按时间节点推进筹办工作，从严从实从细落实疫情防控措施。加强沟通衔接，形成工作合力，确保与冬奥组委沟通顺畅、部门间衔接高效。

张健：
加强文化产业跨界融合
提升文化自信

【建言背景】

随着网络平台服务经济及中国文化"走出去"和"一带一路"等的国家战略不断深化，朝阳区文化产业发展面临着一系列新的挑战：第一，文化产品制作方面，缺乏面向多元化需要的中国文化设计与创作技术，以及具有国际影响力的骨干文化企业；第二，文化产品交易方面，缺乏面向网络平台的文化产品交易规范、价值评估方法以及定价技术；第三，文化传播方面，文化产品对中国文化现代化、社会化、国际化表述力不足；第四，文化价值转化和增值方面，缺乏面向文化产业新形态和新业态的跨界融合商业模式。

【精彩摘编】

一、以信息技术促发展，畅通文化产业全生命周期链条

在文化创作和设计环节，实现启发式、联想式的中国文化设计模式；在文化交易环节，实现网络平台环境下文化产品交易便利化和有序化；在文化传播环节，挖

掘并发现中国文化传播与扩散的规律，引导文化企业走出去；在文化价值转化环节，为不同类型文化形态和新业态推荐最为匹配的跨界融合商业模式与方案，实现文化价值增值。

二、以文化底蕴为基石，提升文化产品感染力与表现力

建议构建面向文化创作高效化的中国文化元素知识库；融合专家知识与优化算法，开发模版式、抽取式和生成式重构交互技术。

三、以正能量传播模型为依托，提升文化自信与国际影响力

针对文化产品国际传播能力不足的问题，建议搭建国家文化与国民文化数据仓库，融合专家知识、数据挖掘对国家文化和国民文化进行用户画像，定量描绘不同类型国家文化和国民文化的核心构成与结构特征，同时借助面板数据计量分析，揭示不同国家文化和国民文化交互、互鉴的演进过程，发现跨文化传播的规律，为引导中国文化企业走出去和相关政策制定奠定基础。

四、以跨界融合的商业模式为手段，实现服务价值增值与转化

建议整合跨界融合成功案例形成跨界商业模式数据库，结合大数据分析方法，开发跨界融合商业模式分析系统。一方面，识别和判断不同类型文化消费者的价值主张、需求差异及消费方式，明确跨界融合商业模式设计的方向；另一方面，在成功案例抽取并形成不同跨界融合方法库，为文化企业跨界提供更加丰富的选择和参考的模板。

【建言解读】

朝阳区是北京文化建设政策实施、文化多元要素集聚、文化引领发展的策源地，拥有一大批高精尖产业和高水平自主知识产权成果，是带动首都乃至京津冀文化大发展大繁荣的原动力。北京市朝阳区在文化产业融合方面成果颇丰，但始终保持着积极反思的好习惯。对于朝阳区目前存在的问题，如文化产品创作效率不高，文化附加值偏低；网络交易模式单一，抑制了网络平台文化交易的活跃度；文化新形态

受国外文化体系冲击巨大，影响了中国文化国际影响力和国民文化自信的加强；尚未形成产业融合齐发力的局面，削弱了文化价值的转化等，张健委员给予了积极的回应。他提出要针对朝阳区文化产业在"文化创作—交易—传播—转化"等生命周期四个不同阶段所面临的这些新问题，积极引导并加强文化产业的跨界融合，完善网络平台下文化交易的规范和标准，提高科技在文化价值增值和文化传播中的贡献度，充分利用朝阳区拥有一大批高精尖产业和高水平信息技术知识产权成果促进文化产业的发展。

【延伸阅读】

自 2009 年起，朝阳区率先推进了文化产业功能区的理论发展和实践探索，积极引导全区文化创意产业发展模式由园区、集聚区向功能区转型，积极培育了莱锦文化创意产业园、懋隆文化产业创意园等一批重点产业园区（基地）项目。为完成文化产业"创作—交易—传播—转化"全过程的信息化改造，朝阳区致力于加强创意、人才、科技等高端要素向文化产业集聚，促进文化产业结构和生态体系向高端产业、高端环节、高端功能转变，同时运用信息技术使文化产业各个环节紧密联系在一起，文化产业全生命周期链条更加畅通。

金晓萍：
文化产业创新如何继承
和保护优秀传统文化遗产

【建言背景】

中共中央办公厅、国务院办公厅印发的《关于实施中华优秀传统文化传承发展工程的意见》指出，优秀传统文化的发展，有利于建设社会主义文化强国，增强国家文化软实力，实现中华民族伟大复兴的中国梦。作为保护与传承优秀传统文化身体力行的见证者，为了更好地保护传统文化，朝阳区在保护和传承文化遗产方面做了若干努力，出台了《朝阳区文化委文物安全巡查办法（试行）》等相关政策。

【精彩摘编】

对于承载"文化+"战略，担起中国优秀传统文化传承发展之重任，有如下建议。

首先，对于文化艺术而言，"越是民族的，就越是世界的"。特别是在当今全球化加速，经济一体化浪潮越发汹涌之际，民族传统文化的保护与利用、传承与变迁、创新与调适成为民族研究与工作中的重大课题。

其次，要正确处理好保护与发展、开发与利用、中央与地方、全局与局部、当前与今后的关系。确保中国民族民间传统文化在首先得到及时抢救和有效保护的前提下，按照自身的规律得到深刻的继承和持续的发展。

第三，对传统文化的继承和发扬必须上升到一个全民族的高度，因为文化是一个民族的身份标志，传统文化是一个国家和民族历史创造的集体记忆与精神寄托。

【建言解读】

文化产业的特点是规模化、集约化、专业化的现代工业手段大规模复制，较为适应影视、动漫等行业的发展，但"产业化"对于多数传统文化遗产（物质文化遗产和非物质文化遗产）的活态性、完整性、多样性多有冲击。金晓萍委员认为，在传统文化的产业化过程中，固然能够对传统文化有所推广、解决部分就业问题，但因其发展诉求仅仅局限在短期快速集中的经济收益，多年之后，实质上已开始限制优秀传统文化在当代的发展；同时，缺乏相关传统文化专业研究保护能力的天然瓶颈下，难以对传统文化资源进行充分利用。因此，对于传统文化的保护和开发要坚持保护为主、开发为辅的原则，集中国家力量，引导社会资本释放活力，将传统文化以创意和喜闻乐见的方式融入百姓日常生活，达到"审美日常化"，将大大提高优秀传统文化的传承和传播效果。

【延伸阅读】

近年来，朝阳区聚焦全国文化中心建设，加快推进"三化"进程，秉持"服务中心、文物惠民、全民参与、资源共享、互惠互利"原则，认真贯彻"保护为主、抢救第一、合理利用、加强管理"方针，精心打造"我们的节日""北京民俗文化节""东岳雅集"等首都知名传统文化品牌活动，培育了"东岳庙庙会""幡鼓齐动十三档"等90个非物质文化遗产项目，认定授牌传统文化传承基地30家。

下一步，朝阳区将与社会各界携手，更好加强朝阳文物保护利用和文化遗产保护传承，深入推进大运河文化带建设，进一步推进重点文化遗产保护项目实施，加大非国有博物馆扶持和朝阳博物馆之城建设力度，实现文化遗产的数字化展示，谱写朝阳文化遗产活化传承新篇章。

第八章

完善文化配套
塑造品质朝阳

张毅：
疏、建、创、增：
促进朝阳区减业增势展

【建言背景】

2017 年 3 至 8 月，根据朝阳区政协常委会确定的"文化创新添动力，疏解增绿上水平"年度议政建言活动方案要求，朝阳区政协提案委员会、经济科技委员会和港澳台侨委员会会同区各民主党派、工商联、区知联会，组织政协委员和党派成员，汇聚各方智慧，围绕疏解非首都功能进程中的文化创新与发展，及"文化创新添动力，疏解增绿上水平"这一主题组织政协委员议政建言。议政性座谈会上，10 位委员围绕实验区文化产业发展、文化科技融合创新等作了主题发言。这也是朝阳区政协积极贯彻中央及北京市对新时期首都职能定位调整精神，以行动实现"疏解整治促提升"的举措。

【精彩摘编】

朝阳区可以选择一处符合各方要求，并已疏解腾退清场的场所，建设一个中国文化中心总部、多国文化中心入驻的文创综合体。这个综合体可以根据其自身汇聚的文化、旅游、商贸、科技合作功能，逐步发展成相关国家的"文化使馆""经济使馆""科技使馆",将该国的自身魅力及合作机会向中国合作伙伴展示与分享。这个综合体将是朝阳区文创产业孵化平台,各国文化中心汇聚的文创资源第一时间进入朝阳区。同时,朝阳区也将因本综合体而进一步巩固并提升自身作为国际交往中心的地位。

朝阳区得天独厚的区位优势与切实可行的项目紧密结合,这将构建一个示范性样板工程,既能为北京市,乃至全国文创产业、高科技产业、金融业、现代服务业创新孵化工作提供参考样本,又能让未来国内外优秀人才了解朝阳区活力与魅力提供窗口,为他们参与朝阳区经济建设创造机会。从朝阳区发展需要出发,充分利用本次疏解非首都功能的机遇,盘活现有资产,以务实可行项目为切入点,构建跨界合作平台,孵化综合产业,这一工作思路与现有项目的完美结合,将为朝阳区落实相关工作提供解决方案,也将为其他地区诊治大城市病工作提供参考。

【延伸阅读】

朝阳区在疏解非首都功能的建设过程有新进展。一方面,朝阳区积极进行老旧厂房转型升级,盘活存量资源,通过工业厂房改造利用、传统商业设施升级、有形市场腾退转型三种方式。另一方面,朝阳区全面疏解改造非首都功能产业和低效空间,累计拆除违法建筑 2435 万平方米,疏解升级商品交易市场 264 家、区域性物流中心及再生资源场站 186 个,关停一般制造业企业 305 家,清理整治出租大院和出租公寓 960 个。

此外,朝阳区也在利用腾退空间,提升公共服务水平,为生活、工作在这里的市民创造更加便利的生活。截至 2018 年 9 月,朝阳区累计新建改造各类便民服务网点 1270 个,其中蔬菜零售终端约 200 个,建成"一刻钟社区服务圈" 201 个,实现城市社区全覆盖。建成社区(村)图书室 388 家,养老照料中心 44 个、停车位 1.64 万个。

为了进一步促进高精尖产业发展,朝阳区出台了"一揽子"产业政策。2017 年年底,支持商务楼宇和农村产业空间利用的专项政策以及高精尖企业人才奖励办法等政策正式出台。总部经济及服务业、金融、高新技术、文化创意、上市和并购,中小企业等重点产业政策也得到调整完善。朝阳区还设立了规模各 100 亿元的科技创新创业、文化创意产业引导基金,积极引导各类社会资本支持高精尖产业发展。

张凌云：
采取切实措施
推动朝阳区文化产业
创新发展

【建言背景】

党的十八大以来，习近平总书记多次视察北京，就北京城市建设与功能规划做出重要指示。习近平总书记多次强调北京未来的发展要靠创新，要舍得"白菜帮子"，精选"菜心"，腾笼换鸟，调整结构。要加强对疏解的引导，切实为北京减重减负，以此促进北京的创新发展。在这一过程中，进一步推进首都文化建设，使首都文化产业发展发挥重要作用。

【精彩摘编】

一、加大对文化产业创新的金融支撑力度，形成文化创意产业资金保障。

二、加大知识产权的保护力度，免除文化创新企业的后顾之忧。

三、加大文化创意产业的信息支撑力度，降低文化创意企业获取资讯的成本。

四、加大对中小型文化创意企业的扶持力度，培育多样市场主体。

五、出台系列措施吸引文化创意人才，提升创意产业发展的核心竞争力。

六、服务"一带一路"，构建对外文化开放新优势的大枢纽和新引擎。

在首都文化建设工作中，推进首都文化产业发展具有重要作用。首先，建设国家文化中心本身是北京"四个中心"城市战略定位的重要组成部分。首都文化建设的水平，直接决定了"四个中心"战略定位能否落实。其次，大力发展文化产业，提升首都文化竞争力，是实现疏解非首都功能、优化首都产业结构的重要抓手。在加快非首都功能疏解、低端产业腾退的同时，必须大力发展包括文化产业在内的知识密集、资本密集和技术密集产业，只有这样才谈得上构建高尖精产业结构，实现"绿色、低碳、集约、高效"的发展模式。最后，文化创新是建设良好创新环境的基础，它有利于培养具备创新精神的一代人，为技术创新、产业创新、业态创新提供强大的精神动力与智力支撑。为此，建设文化产业创新实验区是朝阳区落实首都"四个中心"城市战略定位，建构高精尖产业结构的重要举措，也是未来朝阳区不断优化和深度调整产业结构，不断提升产业发展质量与效益的重要途径。

【延伸阅读】

2017年4月26日，国家文化产业创新实验区12330分中心、工作站成立，该中心是全市首家文创产业知识产权保护服务分中心。

文创实验区分中心及三家工作站建成后，将与朝阳分中心紧密合作，在北京12330的指导下，提供专门办公场所、专线电话、配备工作人员，提供接收园区内有关侵犯知识产权的举报投诉、提供咨询、反馈维权援助线索、宣传培训等企业知识产权保护公共服务工作，重点为文创企业提供版权注册、专利申请及快速维权服务。目前，北京12330分中心、工作站已达65个，服务范围覆盖了全市16个区并拓展至天津、河北，形成了"市、区、创新创业载体"三级知识产权保护公共服务平台。此次文创实验区分中心和三家工作站建成后，不仅进一步完善了全市分中心、工作站的布局，有效整合市、区知识产权政策、专家人才、维权保护等公共服务资源，更深化了朝阳区"1+X"知识产权保护公共服务体系，对朝阳区"科技＋文化"融合发展战略的实施起到积极的促进作用。

周建：
大力支持文化产业
综合体项目发展

【建言背景】

习近平总书记在中央政治局第十二次集体学习时曾强调，要推动文化事业全面繁荣、文化产业快速发展，不断丰富人民精神世界、增强人民精神力量。按照总书记的讲话精神，近年来在朝阳区委、区政府的大力倡导、支持和全区党员干部及企业单位的共同努力下，朝阳区文化产业快速发展，区域文化产业要素资源加快聚集，集群发展水平得以显著提升。在满足广大人民文化消费需求的同时，也为区域经济增长和产业结构升级做出了积极贡献。

【精彩摘编】

一是优化文化创意产业功能区空间布局，通过城市文化产业综合体提升核心竞争力和影响力，不断激发文化创新发展活力，培育一批具有较强国际竞争力的龙头文化企业。

二是以棚户区改造为着力点，加快城市文化产业综合体项目落地实施，并在土地供应方式、审批手续办理等方面给予文化产业综合体项目更多支持。

三是积极推动促进文化创意产业引导基金的设立运营，提高项目资本化运营水平。

四是在项目运营中加大财政税收、人才引进等方面的政策扶持力度，帮助开发主体更好地保证政治效益、承担社会责任。

【建言解读】

文化产业具备模式灵活、规模短小、产品多样的特点，容易出现各自为政、同质化严重甚至片面追求经济效益和品牌效应的问题。建设打造标志性、品牌性、引领性的文化产业综合体项目，不仅可以促进高端文化资源集聚，打造优质品牌、畅通扶持渠道，构建"高精尖"经济结构，更有助于打造文创实验区内最具文化发展价值的地标性项目，全面提升朝阳区文化产业在全国乃至国际上的知名度和影响力，并形成良好的示范引领效应。朝阳区曾是北京市纺织、电子、机械、化工、汽车五大工业基地，旧工业厂房资源丰富。通过调整优化文化创意产业功能区空间布局，改造棚户区，建设文化产业综合体就是一种完善文化配套设施的举措，进而保障和促进全区的文化产业发展。

【延伸阅读】

2018年第一季度510家文创企业落户位于朝阳区的国家文创实验区，文创企业总量达38111家，注册资本金1亿元以上企业24家。为扶持文创企业发展，朝阳区成立了全国首个文化企业信用促进会，设立园区信用工作站15家，吸引会员320余家。同时，设立了总规模100亿元的文化创意产业发展引导基金，并分设"文化科技融合发展""京津冀文化产业协同发展"等5只子基金，拓展文创企业投融资渠道。

引导一批老旧工业厂房转型升级文创产业特色园区，打造城市文化新地标，是国家文创实验区的一大特色。近年来，朝阳区紧紧围绕全国文化中心建设，深度挖掘工业遗存富矿，推动工业遗存转型升级和文化产业创新实验区建设融合发展。截至目前，朝阳区已有44家老旧工业厂房转型升级改造为文创产业园区，完成改造建筑规模223.1万平方米。同时，鼓励文创园区利用各具特色的文化空间建设艺术馆、美术馆、城市书屋，举办文化节、戏剧节、电影自习室、创意市集、艺术体验课等活动，积极推动文化产业与文化事业融合发展。

第17届金刺猬大学生戏剧节

殷文生：
对朝阳区时尚文化产业建设的思考

【建言背景】

2021年3月27日，朝阳区举办2021时尚峰会，邀请国际时尚领域专家探讨时尚赋能高质量发展等话题，并发起"朝阳共识"，共建时尚之城。来自政府部门、高等院校、时尚领域行业组织及设计机构的百余位嘉宾，共同就北京国际消费中心城市建设、时尚赋能高质量发展、时尚与科技融合、时尚企业数字化转型、新增长点新动能培育、北京全球时尚策源地打造等话题展开探讨。

【精彩摘编】

一、加强对时尚文化产业留学归国人员和高级人才创业的扶持力度。政府可以在时尚文化领域设立专用的资金扶持和人才补贴政策，同时也加强对时尚文化产业类园区的政策扶持和资金扶持。

二、建议整合朝阳区内资源优势，促进高端时尚设计产业的发展，打造时尚艺术博物馆，打造国际时尚设计师工作营聚集地，加强时尚文化产业的国际交流合作。

三、挖掘朝阳区的特色时尚文化产业资源，打造时尚文化产业品牌。鼓励和扶持时尚文化产业园打造时尚文化产业 4.0 公共服务平台，建立具有高度适应性和资源效率的智慧平台，整合时尚文化客户资源和商业伙伴。

四、以产学研资合作为重点，完善时尚文化产业与科技、金融融合的支持政策。

五、构建朝阳区的时尚文化产业的配套服务体系，鼓励时尚文化产业园区积极服务京津冀一体化建设及地方经济建设。

六、鼓励发展时尚文化产业创业服务体系的中介组织。

【建言解读】

当前，随着非首都功能疏解，时尚创意产业成为传统产业转型升级、赋能首都城市更新的重要方向。北京文创产业九大领域中，创意设计服务收入占比最大。第一批认定 33 家市级文创产业园区，有的已成为首都城市文化新地标。时尚创意产业是契合首都功能的创新产业，为城市更新注入了新活力，为经济发展提供了新动能。北京服装学院作为国内一流、国际知名的"中国时尚高等学府"，充分发挥自己的优势，实践产学研资合作，建设了中关村时尚产业创新园，是目前中关村国家自主创新示范区唯一的服饰时尚设计产业项目，在我国时尚、设计产业成果转化方面取得了示范性、开拓性进展。

【延伸阅读】

2021 年初，朝阳区人民政府和北京服装学院签订战略合作协议，双方将充分发挥各自优势，在共同推动时尚设计创新成果转化、推动时尚产业繁荣发展、提升朝阳时尚设计内涵等领域加强战略合作。此次峰会就是战略合作协议签订后的首个大型时尚盛会。

峰会期间，北京市朝阳区人民政府联合中国纺织工业联合会、北京服装学院和与会代表共同发起了"时尚赋能高质量发展"朝阳共识，提出了"共铸新发展理念、共谋新发展路径、共建新发展格局、共享新发展成果"的共同愿景。

2019 年以来，朝阳区大力推动消费转型升级，通过首店经济、商圈转型、夜经济等举措，在丰富消费业态的同时，也让消费市场更具国际范儿。目前，朝阳的商圈数量约占全市 50%，汇聚了 CBD、三里屯等有世界知名度的地标性商圈。"我们将进一步提升时尚文化消费活力，推动时尚事业和时尚产业发展，促进文旅消费。"
朝阳区相关负责人说，"十四五"期间，将研究制定促进文化和旅游消费的鼓励政策，
发布朝阳区文化和旅游行业消费指数，培育"打卡朝阳"等一批文旅IP，积极创建
国家文化和旅游消费示范城市。深化与北京服装学院、中央美院等高校合作，强化
与国际知名时尚城市的合作交流，着力打造"时尚之城"。

巩云华：
金融驱动朝阳区
文化创意产业发展

【建言背景】

朝阳区按照中央、北京市的统一部署和要求，结合区域特色，在全市率先提出文化创意产业发展战略，区域文化创意产业蓬勃发展，已成为朝阳区的重要支柱产业和经济升级转型的新引擎，呈现出"一快、二大、三高"的发展特点。经过几年的发展集聚了一大批行业内细分龙头企业，以这些行业龙头为牵引，通过并购重组等金融手段做大做强产业链，以金融驱动促进朝阳区文创产业向更高端发展具备了现实基础。

【精彩摘编】

朝阳区一直是经济强区，金融资源富集区，但具体到文化创意产业尽管发展迅速，但发展历史尚短，和全球顶尖水平尚有差距。这样的现实就决定了要尽快做大做强文创产业，一方面，要积极运用政府的行政职能，有效发挥政府的推动促进作用；另一方面，更要积极发挥市场的作用，尤其引导文创金融融合发展，注意激发龙头企业的带动作用，积极推动并购重组做大做强文创产业链。

第一，进一步优化文创企业信息信用平台建设。

第二，充分发挥文化创意产业发展基金的带动作用，多渠道拓展文化创意企业投融资渠道。

第三，充分发挥龙头企业的"激发带动"作用。

【建言解读】

创新金融服务体系，优化市场资源配置，满足文化创意企业发展需求，是进一步提升文化创意产业引擎作用，推动经济转型发展的重要环节。但是在现行的金融体系下，文化创意企业融资难的问题尚未真正得到解决；鼓励文化和金融融合的顶层设计还需要进一步强化；以版权、创意、人才为代表的文创产业核心要素的资产化模式还需要进一步创新；金融机构的风险控制体系与新型文化创意企业的资产属性特点还需要进一步磨合；龙头企业的"牵引"带动作用尚未激发。因此金融手段做大做强产业链，以金融驱动促进朝阳区文创产业向更高端发展就显得迫在眉睫。

【延伸阅读】

2018 年 8 月 28 日，北京市首个文化金融服务中心在北京朝阳国家文化产业创新实验区（以下简称"国家文创实验区"）正式投入使用。首批 20 家金融服务机构已集中入驻中心，为文创企业提供文创普惠贷、蜂鸟贷、创业快贷、银担通、税易贷等 30 余种特色金融服务产品，为文创企业提供便捷、优惠、一站式的金融服务。该中心有效整合各类金融服务和政策资源，为有融资需求的文化企业提供政策咨询、项目对接、金融业务办理、投融资合作等专业服务，并为文化企业和金融机构举办业务培训、项目路演提供专门空间和精准服务。

国家文创实验区管委会负责人表示，"国家文创实验区发起成立这个线下文化金融服务中心，就是要使有融资需求的文创企业能够'有的放矢'，在一个资源丰富、各类金融机构汇聚的这样一个实实在在物理空间环境里，找寻到促进自身发展的金融源泉，一站式、面对面、个性化、高效快捷是这个平台的特点，我们希望通过政府和市场有效互动，线上和线下相互补充，更好地满足文化企业不同的融资需求"。

国家文化产业创新实验区文化金融服务中心的成立，是文创实验区继出台"政策十五条"、成立全国首个文创企业信用促进会、实施"蜂鸟计划"、设立全市首支区级文创产业发展基金等一系列开创性举措之后，在文化金融服务创新方面进行的又一重要探索。

蔡中华：
深化金融供给侧改革
促进文化产业创新

在 2015 年 11 月 10 日中央财经领导小组第十一次会议上习总书记首次提出"供给侧结构性改革"一词。总书记强调，在适当扩大总需求的同时，着力加强供给侧结构性改革。在抓住关键问题后，通过去产能、去库存、去杠杆等"三去"具体措施，化解过剩产能，使产业优化重组。除此之外，供给侧改革也在资本方面实行减税降率、降低企业成本、补充建设短板等政策，促进企业生产结构优化，从粗放式的发展走向集约和精准化发展。金融是现代经济核心，当前工作重点离不开供给侧结构性改革。

【精彩摘编】

建议区委区政府加强顶层设计，深化金融供给侧改革，通过现代金融手段，促进文化产业创新和健康发展。

一、建议转变财政对文化产业的扶持方式。建议未来考虑从单纯的项目投资向综合融资模式发展，以财政资金为起动，引导信贷资金、社会资金以及外资的共同参与，提高文化企业持续融资的能力。

二、建议组建朝阳文化产业风险投资基金，发挥风险投资在文化产业融资方面的作用。建议朝阳区政府大力鼓励和吸引一批有实力的风险投资公司入驻朝阳。

三、建议设立朝阳文化产业担保基金，建立文化企业融资的风险补偿机制。针对文化企业融资中存在的现实困难，可以用区财政资金设立担保基金，或通过贷款份额入股、委托贷款等方式对各类担保机构提供支持，从而为文化企业贷款提供间接的担保服务。还可以通过项目补贴方式，为重点国有文化企业融资提供补贴，促成金融机构对这些文化企业加大授信规模。

四、建议促进金融中介建立符合文化企业特点的贷款审批模式。朝阳聚集了一批国内外著名金融机构，建议由区金融工作办公室牵头，引导和促进总部在朝阳的金融机构，创新金融工具，建立符合文化企业特点的贷款审批模式。对于风险较低的项目，可以建立审批的"绿色通道"，提高审批时效；对于重点扶持项目和特色项目，在同类企业标准的基础上适当放宽相应条件。

【建言解读】

朝阳区文化产业步入发展的快车道背后，跟风建设、各自为政、聚焦热点的现象比较突出，"瓦片经济"与"二房东现象"也有冒头。而文化产业自身的独特性，使得大量资金投入后产出的是文化创意、知识产权等无形资产，这些资产的价值难以评估和变现，受政策性和市场变化的冲击又很强。因前期投入大、资金回笼周期长、市场不确定性强，由此造成文化资本与金融资本融合的不充分，出现了文化企业融资难的情况，严重制约着产业的快速发展。因此，建议政府加强顶层设计，深化金融供给侧改革，通过现代金融手段，促进文化产业创新和健康发展。

【延伸阅读】

2018年8月28日，北京市首个文化金融服务中心在北京朝阳国家文化产业创新实验区（以下简称"国家文创实验区"）正式投入使用。国家文创实验区文化金融服务中心建筑面积4500平方米，位于莱锦文化创意产业园CN15号楼，是在文化和旅游部产业发展司和市委宣传部、市文资办、市文化局、市金融局、市银监局、市文促中心等部门的指导帮助下，由朝阳区联合北京时尚控股有限责任公司、北京市国有资产经营有限责任公司，强强联手共建。该中心对文化企业提供政策咨询、信息交流、项目对接、投融资合作等一站式专业服务，同时配套展览展示、项目路演、高端沙龙、项目洽谈等公共服务功能，为文化企业提供便捷的一站式服务。使有融资需求的文创企业能够"有的放矢"，在一个资源丰富、各类金融机构汇聚的环境里，找寻到促进自身发展的金融源泉，同时通过政府和市场有效互动，线上和线下相互补充，更好地满足文化企业不同的融资需求。

鲍啸峰：
大力支持文创企业发展
打造朝阳经济新增长点

【建言背景】

朝阳区是文化大区，是首都文化创意产业发展的核心承载区。根据《北京城市总体规划（2016 年—2035 年）》，朝阳区南部地区将传统工业区改造为文化创意与科技创新融合发展区。可以预见，朝阳区的文创产业将成为南部传统工业区振兴的重要支撑。同样，全国原来出口欧美国家的企业转型内销或出口一带一路国家，必然要从纯外贸加工转变成自身拥有品牌和设计，这离不开文创产业赋能，文创融入第一、第二、第三产业，能形成巨大的经济价值，这是时代的挑战，也是时代的机遇。

【精彩摘编】

一、加快现有文化创意产业领域的创新。加强区内文化元素梳理，利用区内老旧厂房拓展文化空间、非遗技艺等发起成立艺术与文化论坛，举办各种娱乐公益演出和其他宣传活动，在全社会形成大力发展文化创意产业的氛围。

二、更好发挥政府在支持行业发展中的积极作用。加强规划和政策引导，着力理顺产业管理体制，尽快设立统一的协调文化创意产业发展的政府管理机构。

三、加快文创产业创意型专业人才的引进与培养力度。建立文化人才引进绿色通道，把引进高层次创意型文化人才纳入朝阳区引进高层次人才工作范围，重点吸引一批在海外从事创意产业的优秀人才。

四、成立区级文化担保公司，解决文创企业信用贷款瓶颈。更好地发挥区文化企业信用促进会的积极作用，成立区级文创担保公司，鼓励金融机构支持文创企业开展信用融资。扩大区内现有的文化创意产业发展引导基金规模，积极吸引社会长期资金和创投机构参与投资。继续建立各种科技研发、文化创新、创业投资基金等，营造良好的投融资环境。

五、着力扶持重点特色产业和品牌。继续发挥文创试验区的优势，整合传统文化资源，紧抓奥运机遇，打造黑庄户北京电影小镇等具有特色的文化品牌。

【建言解读】

朝阳区是首都文化大区，这些年取得很多成绩，但是，目前朝阳区文创产业发展还存在四个方面的问题：①文化资源利用率有待提升；②企业知识产权保护难；③技术创新人才匮乏；④产业集群建设有待提速。朝阳区虽然已经设立了国家文创实验区，有超过50个文化产业基地，但是文化创意产业链给第一、第二、第三产业赋能的脱节现象仍然严重，文创资产难以传播、展示和交易；企业各自为政，缺乏有效合作；联系创意与市场的中介组织缺乏，市场推广不力；金融创新手段不充分造成文化创意产业融资难。这些问题严重制约了文化产业发展，在这种情况下，提出五点建言，力求能够更好地支持文创企业发展，努力打造朝阳经济新增长点。

【延伸阅读】

2020年10月23日，歌华传媒杯·2020北京文化创意大赛"金文三宝"之"金园宝"政策培训会在嘉诚九棵树文化产业园举办。培训会就北京市文化产业园区建设融资型产品"金园宝"的扶持细则、相关政策等进行解读，并为"金园宝"首批受惠园区授牌。

"金文三宝"（金创宝、金园宝、金片宝）是由北京市文化创意产业促进中心、北京中关村科技融资担保有限公司等共同倡议推出的文化金融产品，自9月初在第九届中国文化金融创新大会上发布以来，已经有 9 家企业通过了担保公司及银行的资质审核，进入担保授信和贷款发放绿色通道。

"金园宝"产品旨在为北京市文化产业园区的发展助力，努力解决园区和园区企业在疫情影响下面临的"融资难、融资贵、融资慢"等问题，支持企业全生命周期发展。当天，北京瑞驰嘉文化产业发展有限公司、北京东方嘉诚文化产业发展有限公司作为"金园宝"的首批受惠园区获颁铜牌。

刘铭：
文化产业聚焦
知识产权发展

【建言背景】

2018 年，朝阳区率先出台了北京市首个《文化创意企业申请高新技术企业认定指南》，借助科技手段、资本力量、贸易路径，突破纯文化业态发展的天花板，精准服务企业发展需求，激发产业内生动力，促进新旧动能转换，实现文化产业高质量发展。科技创新、文化产业发展（包括文化＋科技）的内涵及核心是知识产权创造及价值实现。

【精彩摘编】

一、探索形成符合朝阳区科技创新、文化产业特点的知识产权发展模式

知识产权发展应有所区别和细化，朝阳区应基于多年来知识产权的建设发展有所总结、聚焦、细化和差别化。按照经济比重，发展方向、权利客体，形成符合知识产权发展规律和特点的知识产权创新、运用、管理、服务和保护模式。

二、努力打造朝阳区知识产权交易平台

基于知识产权的专有性、无形性等特点规律和所签署的国际条约高起点、全方位打造"立足朝阳、面向全国、国际交流"的知识产权交易平台,真正实现以知识产权市场价值为核心的 IP 保护、交易。

三、努力构筑知识产权多元保护,加强纠纷调解

在司法、行政保护得到强化同时,努力构筑"严保护、大保护、快保护、同保护"的知识产权保护格局。精准发力"快保护",助力创新"加速度",扩大调解委员会调解范围、提升调解水平。

【建言解读】

科技创新及文化产业是北京市、朝阳区经济发展的主攻方向及重要发展产业,对加快落实首都城市战略新定位,推进非首都功能疏解,建设国际一流的和谐宜居之都具有重要意义。朝阳区全面推动朝阳区知识产权强区建设,标准高、措施实。定政策,强服务,搭平台,聚资源,快保护,多元调解,积极优化营商环境,推动区域知识产权服务业发展和国际知识产权服务聚集区建设,有为有位,取得了巨大的成绩。但同为知识产权强区建设,知识产权客体、区情、经济比重、企业类型不同,就有不同的发展规律,有不同的管理、服务、资源配置和要素引导。所以,知识产权发展应有所区别和细化。

打造知识产权交易平台对促进知识产权保护、交易,推动朝阳区"高精尖"产业结构、文化产业发展都具有重要价值和意义。打造知识产权平台也应成为朝阳区知识产权保护、发展模式的缩影。最后,知识产权保护的专业性、复杂性、艰巨性、司法的程序价值为维权工作带来了困难,迫切需要建立简单、便捷、高效、低成本的维权渠道和方便可及的维权模式,知识产权保护"提档加速"成为创新发展的必然要求。

　　2020 年 12 月 10 日下午，知识产权纠纷人民调解工作室授牌仪式暨知识产权纠纷人民调解员培训活动在铜牛电影产业园圆满落幕。铜牛电影产业园成为获批成立的 7 家知识产权纠纷人民调解室之一。北京市司法局、北京市知识产权局、北京市高级人民法院、区司法局、区知识产权局及基层法院代表出席了本次活动。北京市各知识产权纠纷人民调解工作委员会、知识产权公共服务工作站和文创企业近百人全程参与了本次活动。

　　铜牛电影产业园作为国家文创实验区重点园区，坚持以高质量发展为核心，大力实施知识产权战略，强力推动知识产权建设。下一步，铜牛电影产业园知识产权纠纷人民调解工作室将作为园区开展知识产权保护、知识产权维权援助的新平台，进一步推动园区知识产权保护体系建设，提升园区知识产权维权水平，营造园区良好的知识产权保护氛围，构建园区"高质量创造、高效率运用、最严格保护"的知识产权工作新格局。

李晟：
推进艺术品交易市场改革
建立更完善的
艺术品税收制度

2018 年有多项政策出台，提振艺术品交易市场。2018 年 5 月 31 日，国务院关税税则委员会印发《关于降低日用消费品进口关税的公告》（税委会公告〔2018〕4号），明确提出对"艺术品、收藏品及古物"按最惠国税率一半以上降税；2018 年 7 月，中央全面深化改革委员会还审议通过了《关于加强文物保护利用改革的若干意见》，提出要开展文物流通领域登记交易制度试点，为促进文物市场活跃有序发展提供政策保障。2018 年 11 月，国务院印发《关于支持自由贸易试验区深化改革创新若干措施的通知》，支持自贸区深化改革创新，在开展艺术品保税仓储方面明确提出，支持开展艺术品进出口经营活动。艺术品交易有了更多的政策护航。

【精彩摘编】

一、建立跨部门监管机制。建议进一步强化法制建设，使我国艺术品法制工作跟上艺术品市场发展的步伐。

二、建立严格的版权交易制度。对于进入市场交易的艺术品建立严格的版权交易制度。

三、推行更优惠的艺术品税收政策。

【建言解读】

税收政策对艺术品市场发展影响较大。近年来，我国税收政策对艺术品的发展起到了一定的积极作用，但随着我国艺术品市场发展进入"快车道"，现行艺术品市场的税收政策在执行中存在的问题也逐步显现。首先，艺术品交易市场整体税收负担偏重，其次，艺术品交易税收监管还不到位，面对这些问题，健全完善艺术品税收制度则显得非常必要。加强部门联合、加大打击违法行为力度、增强税收风险防控和预警等措施，强化税收监管，引导和规范市场行为，加强产权登记，这些都是在弥补机构监管不到位的缺陷。

【延伸阅读】

经过多年努力，我国已形成了以宪法为指导、著作权法为统领、刑法和司法解释及 6 部行政法规为基础、8 部部门规章为配套、50 件规范性文件为补充的较为完备的制度体系，为调整和规范作品的创作、传播和使用提供了充分法律依据。党的十八大以来，习近平总书记对知识产权工作做出了一系列重要指示，党中央、国务院陆续印发了《国务院关于新形势下加快知识产权强国建设的若干意见》《关于强化知识产权保护的意见》等一系列关系版权工作的重要政策文件和国家重点专项规划，版权保护的政策保障日益完善、有力。

2020 年 4 月 28 日，新中国成立以来第一个在我国缔结、以我国城市命名的国际知识产权条约——《视听表演北京条约》（以下简称《北京条约》）正式生效。《北京条约》的缔结和生效，成为国际知识产权保护领域的一个重要里程碑。

国家版权局提出统筹推进版权领域国际合作和竞争。牢固树立人类命运共同体和可持续发展理念，深度参与世界知识产权组织框架下的全球版权治理，推动治理体制向着更加公正、开放、包容、公平的方向发展，积极参与、推进《保护广播组织条约》《保护传统文化表现形式条约》等谈判进程，继续扩大版权国际交流与合作。

杜玉莲：
进一步发挥传媒资源优势
促进区域快速健康发展

【建言背景】

朝阳区媒体资源丰富，汇集了北京国家广告产业园、北京 CBD—定福庄国际传媒产业走廊功能区等一批传媒产业园区。区域内汇聚着 80% 以上的驻京海外新闻机构，进入中国的 167 家国际新闻机构聚集于此。《人民日报》《中国日报（海外版）》《北京青年报》，中国最有影响力国家级电视台——中央电视台和区域性的重要电视机构——北京电视台、香港凤凰卫视，人民网、一点资讯、果壳网、咪蒙、十点读书等一批知名新媒体，以及培养传媒业精英的最高学府中国传媒大学，均坐落在朝阳区。

【精彩摘编】

一、建立与媒体定期对接工作机制，发挥驻区传媒资源优势，提升区域影响力和竞争力。建议由宣传部牵头，通过定期举办媒体见面会、通气会，组织媒体实地参观考察朝阳区重点工作和重点项目等活动，为媒体和驻区市民了解朝阳区的重点工作、重点任务、重点项目及进展情况创造条件。

二、加大政府对传媒产业的服务力度，了解企业特点和需求，促进产业快速健康发展。可依托行业商协会组织，建立产业对接平台，通过组织驻区龙头企业与上下游产业链服务企业对接会、传媒企业与行业外目标市场客户企业对接会等活动；充分发挥版权交易中心的作用，政府相关部门应加强对知识产权的保护和奖励力度，营造良好的法治环境；同时针对传媒企业轻资产、融资难等困难，加快传媒产业园区的建设。

三、整合区域传媒资源，培养和打造一支政府媒体队伍，为政府舆论引导和舆情公关储备力量。建议由宣传部牵头，网信办、信息办、统战部共同参与，梳理驻区传媒企业名录，了解各媒体的关注重点、政治倾向、政治态度，建立包括驻区国际传媒机构、传统媒体企业、新媒体企业三部分组成的红色媒体资源队伍。

【建言解读】

朝阳区是一个国际化特色明显、涉外资源丰富、商务氛围浓厚的区域，作为国家级的文化产业创新实验区，拥有无与伦比的传媒资源优势，吸引了一批传媒产业链上下游的企业入驻朝阳区，一定程度上促进了朝阳区传媒产业的发展，但由于上下游产业链的传媒企业规模相对较小，传媒资源对于朝阳区传媒产业的示范和带动效应作用有待进一步提升。由此了解企业特点和需求，促进产业快速健康发展就显得尤为重要。运用传媒资源通过舆论引导，传媒资源对于提升市民的文化道德修养、传播社会核心价值理念、弘扬主旋律、传播正能量发挥举足轻重的作用，使传媒资源在舆论引导和舆情公关方面的作用日渐凸显。

【延伸阅读】

2018 年 6 月 19 日，朝阳区融媒体中心挂牌成立，实现了平台、信源、产品、渠道、技术、人才等深度融合，通过统一办公，统一指挥调度，统一宣传发动，将实现区域媒体平台全覆盖，对党政资源与宣传内容管理。其开发的融媒体指挥调度、全媒体稿件编辑等 4 个系统平台此前已正式运行，实现了选题汇聚、平台发布、存储管理、数据分析、舆情监测与预警等功能。朝阳区正在构建"一个区级融媒体中心 +N 个基层分中心"的多层次多点架构，成上下贯通、左右联动的聚合平台，形成矩阵效应。

朝阳区已经形成"一报、一台、一网、一端、两微"的全媒体宣传平台，即朝阳报、朝阳有线、朝阳新闻网、北京朝阳"App""北京朝阳""朝闻道"6个区级媒体平台。朝阳区融媒体中心将整合这些区级媒体平台，实现选题报送、任务分发、内容制作、内容发布等环节的全流程管理，达到互融互通。

巩云华:
激发龙头企业的
"外溢"与"牵引"效应

【建言背景】

朝阳区按照中央、北京市的统一部署和要求,结合区域特色,在全市率先提出文化创意产业发展战略,文创产业已成为朝阳区的重要支柱产业和经济升级转型的新引擎,呈现出"一快、二大、三高"的发展特点,即产业发展速度快,占全市比重大、区级贡献大,发展质量高、聚集程度高、国际化水平高。经过几年的发展集聚了一批行业内细分龙头企业,如人民日报、中央电视台、北京电视台、凤凰卫视等一批中国最具实力和影响力的传媒巨头和新闻传播机构,以及阿里巴巴、亚马逊、奇虎360、凤凰网、掌阅科技等一批上市公司,应该说,朝阳区文创产业向更高端发展具备了现实基础。

【精彩摘编】

一、"规划"引领确立适应朝阳区定位的、重点发展的文创产业集群,鼓励龙头企业更多高端创新性投研项目在朝阳区落地,形成高端引领的集群化发展布局。进一步优化朝阳区文创金融生态环境,为龙头企业充分发挥其人才流、资金流、技术流整合的平台作用提供协调和政策支持。包括对龙头企业人才引进、跨国并购等提供协调支持。鼓励龙头企业高端自投项目、子公司在朝阳区落地，形成集群化、高端化发展。

二、出台并购重组政策，鼓励龙头企业对区内市域企业的并购重组、整合，激发龙头企业的牵引带动作用。成立并运用好并购重组等专项基金，出台针对区内文创企业并购重组的优惠政策，鼓励龙头企业积极发挥其"溢出效应"。以上市公司、行业内龙头企业为"抓手"，激发其引领、溢出效应，做大做强朝阳区文创企业。

三、"牵线搭桥"建立区内中小文创企业与龙头企业的联系平台，形成龙头企业和区内中小创新型企业相互促进，迈向更高端发展的氛围。如组织区内龙头企业和中小创新型企业定期交流活动，推进技术交流与整合，从而形成以龙头企业为核心的配套产业集群。建立以龙头企业为依托，组织不定期的文创金融大讲堂活动，让中小企业了解核心龙头企业的需求，提升整体产业集群协同效力等。

【建言解读】

通过激发龙头企业的"外溢"与"牵引"效应，力求驱动朝阳区文化创意产业向更高层次发展。朝阳区一直是经济强区，金融资源富集区，但具体到文化创意产业，尽管其发展迅速，但发展历史尚短，和全球顶尖水平的产业发展尚有差距。这样的现实就决定了要尽快做大做强文创产业。一方面，要积极运用政府的行政职能，有效发挥政府的推动促进作用；另一方面，更要积极发挥市场的作用，尤其引导文创金融融合发展，支持和激励"龙头企业"在朝阳区更多的高端创新型项目投资和研发投入，并积极推动龙头企业的并购重组，做大做强文朝阳区文创产业链。

【延伸阅读】

"十三五"以来，朝阳区龙头企业加速聚集、上市企业快速增长、独角兽企业不断涌现的态势日益凸显。截至目前，朝阳区登记注册文化企业达到8.8万家，较"十二五"末增加了3万家，其中规模以上文化企业1999家，约占全市的38%，占全国的3.3%，注册企业数、规上企业数均居全市首位。朝阳区已成为全国文化品牌企业总部基地。

"十三五"期间，朝阳区新增中信出版、泡泡玛特等 45 家挂牌上市文化企业，达到 69 家；聚集了一点资讯、罗辑思维等 5 家文娱传媒类独角兽企业，占全市的39%；凯声文化等 40 家文化企业被认定为"凤鸣企业"，占全区的 20%；三批共认定 743 家"蜂鸟企业"，培育了一批"隐形冠军"企业；汇集了万达文化、阿里文娱、央视频等 253 家文化企业总部。其中，外资文化总部企业 127 家；掌上明珠、人民天舟等 24 家企业和 18 个项目被认定为国家文化出口重点企业和重点项目，分别占全市的 31% 和 50%。

廖涛：
优化营商环境
促进文化企业高质量发展

朝阳区积极行动，不断优化营商环境，出台了《朝阳区关于率先打造一流营商环境的意见》，推动 10 项外籍人才新政落地；工商朝阳分局在全市率先施行工商登记外贸领域"十五证合一"办理模式；成功发放外资企业电子营业执照，实现企业登记注册全程"零见面"；朝阳供电公司推出低压报装"三零"服务举措，解决小微企业报装管理成本高、成本承受力差等问题。在 2018 年北京首份营商环境成绩单考评中，朝阳位列各区营商环境年度评价前三名。

【精彩摘编】

一、完善政策体系，创新政策调控方式，打造公平公正的法制环境。一方面，创新财政调控方式，把直接"输血式"的财政资金方式向税收优惠、激励奖励、服务项目贴补方式转变。另一方面，充分利用国家文化产业创新试验区的机制优势，推动国家出台的系列文化经济政策在试验区先行先试。

二、加快政府职能转变，营造高效透明的政务环境。一是进一步理顺政府与市场、政府与社会、政府层级间的关系，推动政府职能转变。二是建立以区文化企业扶持政策为核心的数据库。三是对标国际一流，找出差距，从细节着手提升服务的精细化水平。

三、健全金融服务和市场监管体系，构建宽松诚信的市场环境。首先，借鉴先进省市金融服务体系经验，拓宽企业融资渠道。其次，落实好《北京市公共信用信息管理办法》，率先建立覆盖全区的征信系统。最后，建立"中介超市"，引导政府投资项目以竞价方式选择中介机构，保障企业投资项目自主选择中介机构，促进中介服务市场公平竞争、良性健康发展。

四、健全综合服务体系，营造更具活力的创新创业环境

【建言解读】

改革优化营商环境，是提高城市竞争力的重要内容，是构建高精尖经济结构、推动高质量发展的重要抓手。尽管朝阳区为优化企业营商环境采取了一系列措施并取得了一定成效，但仍然存在着不少"短板"，从法制环境、政务环境、市场环境、创新创业环境四个方面具体地从不同领域优化营商环境，促进朝阳区文化企业高质量发展。通过创新政策调控，加快政府职能转变，健全金融服务和市场监管体系，健全综合服务体系种种举措，营商环境的不断优化，朝阳区文化企业才能得到快速发展。

【延伸阅读】

近年来，北京市制定出台促进文化产业高质量发展三年行动计划，印发文化旅游融合、影视、音乐、游戏等多个细分领域政策，举办文创产品、文化金融现场推进会，积极推进文创银行、文化发展基金建设，制定实施《北京市级文化产业园区认定管理办法（试行）》《关于加快市级文化创意产业示范园区建设发展的意见》，推动全市文化产业营商环境持续优化，文化产业高质量发展势头更加强劲。

2020年4月，在北京市文化产业园区工作会上，市级文化产业园区获得开年大礼包——《北京市文化创意产业园区和市级文化创意产业示范园区"服务包"工作方案》（以下简称"服务包"），包含17条市级普惠式服务举措和27条区级定制

式服务举措。其中，市级普惠制服务举措包含文化金融"家门口"一站式服务、园区建设发展指导、老旧厂房拓展文化空间服务、园区发展咨询服务、园区宣传推介服务、园区文化人才服务等六大类；区级定制服务包含东城、西城、朝阳、海淀、通州、大兴、昌平以及北京经济技术开发区的特色服务事项。为更好地实现服务，"服务包"为文化产业园区配备了市区两级三个种类的服务管家，保证"服务包"各项举措精准送达文化产业园区及入驻企业手中。

姜山赫：
进一步改善营商环境
为文创企业发展服务

【建言背景】

近年来，在北京市在"四个中心"发展战略的指引下，朝阳区文化产业得到了空前发展，特别是建设了一批由老旧工业厂房、仓库改造而成的文化创意产业园区，为朝阳区疏解非首都功能，发展文化创意产业注入了新的活力。目前，通过旧工业厂房改造利用、传统商业设施升级等方式，朝阳区利用存量空间发展文化传媒、创意设计等"高精尖"产业。

【精彩摘编】

一、协调联动，政策落地。建议针对由老旧厂房改造而来的文创园区在改扩建工程项目中所遇到的实际问题，由相关政府管理部门协调会商，尽快联合出台有针对性的政策实施细则，以使朝阳区相关促进文化产业发展的政策精神有效落地。

二、特事特办，先试先行。在朝阳区范围对具有国家级、市级文创园区资质，发展潜力巨大、示范性强、社会效益和经济效益突出的改扩建项目特事特办原则，施行土地出让金减免政策，或通过政府企业资源置换、财政补贴等形式加以解决，打通瓶颈。

三、明确方向，重点扶持。在政策扶持和资金扶持中，优先考虑与朝阳区现阶段发展目标相关的项目，如文化与科技融合、文化与旅游结合、国际文化交流、非遗传承发展等领域；对园区改造与城市更新相融合的项目也应予重点扶持。

【建言解读】

随着文创园区对朝阳区文化产业发展、聚集、引领作用的不断增强，绝大部分由老旧厂房改建而成的文创园区在升级改造中都面临了同样的一个现实问题：即在利用现有土地和厂房进行改建扩建工程项目时，都涉及将利用土地性质从原有的工业或仓储物流用地变更为商业服务业设施用地的情况。

近年来，朝阳区各有关主管部门就文化产业园区发展、优化建设项目审批流程、促进老旧厂房改造文化园区等问题分别出台了不少相关政策，但普遍存在缺乏实施细则、落地性不强、相关政策间协调性不够完善等问题，造成目前部分老旧厂房文创园区升级改造项目长期搁置，后续发展面临困境的局面。因此，协调联动，政策落地；特事特办，先试先行；明确方向，重点扶持，这三项建议的必要性就非常显而易见了。

【延伸阅读】

新型冠状病毒肺炎疫情期间，朝阳区发布19条资金类复工复产扶持政策。

1. 为稳就业，提供朝阳区中小微企业职工培训补贴

（1）参加社会保险（含缓缴）企业组织职工参加技能提升培训的，按照每名参培职工1000元的标准给予企业一次性培训补贴。

（2）精准支持科技创新、城市运行保障、生活性服务业等重点行业中小微企业稳定就业，对参加失业保险且受疫情影响，2020年2月至4月生产经营收入同比下降80%（含）以上的，按照每名参培职工500元到3000元的标准给予企业稳岗培训补贴，并按照每人1540元的标准给予企业临时性岗位补贴。

2. 投融资贷款

朝阳区中小微企业融资服务支持，引导支持相应机构在疫情期间为中小微企业

提供融资、担保、征信等方面服务，并根据工作成效给予每个机构最高不超过500万元支持。

朝阳区中小微企业应急续贷支持，加大对中小微企业应急续贷支持力度，推出第二期8000万元朝阳区中小微企业防疫应急续贷基金专项信托计划，为受疫情影响较大的中小微企业发放应急续贷信用类周转贷款。

朝阳区中小微企业担保支持补贴，加大对中小微企业担保支持力度。抓紧设立区级政策性融资担保机构，更好为金融机构向中小微企业发放贷款提供增信支持。设立朝阳区中小微企业贷款担保风险补偿资金，通过朝阳区中小微企业金融综合服务平台对担保机构实际赔偿额进行补贴。

朝阳区对文化创意中小微企业服务的服务机构资金补贴，持续深化国家文化产业创新实验区建设，鼓励有关机构为文化创意类中小微企业提供信用评估、信用贷款、融资担保、企业债券等方面服务，并视情况给予每个服务机构每年最高不超过300万元支持。

3. 促创新

朝阳区中小微企业专业化能力提升奖励，鼓励企业用好首都科技条件平台以及创新券政策。支持中小微企业与国内外著名企业、科研院所、研究机构等单位开展实质性合作，并视情况给予最高不超过100万元支持。

朝阳区中小微企业平台载体建设奖励，积极推进小型微型企业创业创新示范基地和中小企业公共服务示范平台建设，对于首次获得国家级、市级认定的"示范平台""示范基地"，视情况给予30万元或50万元一次性奖励；支持实体园区打造大中小企业融通发展的新型产业创新生态，对于工作成效显著的，视情况给予每年最高不超过20万元奖励。

4. 稳投资

朝阳区中小微企业扩大再投资奖励，鼓励中小微企业扩大再投资，对符合北京市高精尖产业方向且满足一定条件的，视情况给予最高不超过100万元支持。

朝阳区中小微企业投资奖励，大力吸引国际知名创投机构入驻，鼓励其加大对科技创新类中小微企业投资，并视情况给予每个服务机构每年最高不超过50万元支持。

李晟：
推进文化供给侧改革
促进朝阳文创产业
高质量发展

【建言背景】

中华人民共和国成立 70 多年来，北京朝阳区实现了由农业大区到首都新兴工业区的转变，又逐步发展为承载国际一流企业的商务中心区、国际科技文化体育交流区、各类国际化社区的承载地、创新引领的首都文化窗口区、大尺度生态环境建设示范区、高水平城市化综合改革先行区 6 大功能的重要城区。

【精彩摘编】

一、提升公共技术服务平台的技术水平和服务能力。推动现代科技手段在文化领域的广泛应用，按照政府主导、市场化运作模式，在国际文化产业园、朝阳文化实验区等产业园的基础上，建设完善一批以共性技术创新服务平台为核心、各种专业技术服务平台相辅助的文化技术创新服务网络。

二、强化政府在版权交易市场发展过程中的引导作用，建立区域性的版权服务业自律性组织。建议完善知识产权公共信息平台，推进信息资源的共享和优化配置，加强知识产权信息传播利用。建议推动交易模式创新，积极打造线下与线上双容的竞价拍卖平台，支持版权交易电子化平台发展。加快建设文化人才服务平台，持续深化全市率先施行工商登记外贸领域"十五证合一"办理模式、率先深化拓展外籍人才服务机制等五项体制机制创新成果。

三、加快推进文化产业结构优化升级。加快新兴文化产业发展，在已建有的798、751、莱锦等84家各具特色的文创园区上，完成到"十三五"末打造100个文化产业精品园区的目标。建议广泛运用互联网、大数据、云计算、虚拟现实等新技术，重点发展动漫游戏、创意设计、网络文化、数字出版、在线教育、网络视听、移动多媒体等新兴文化产业，为掌阅科技、罗辑思维、天下秀等"独角兽"文化企业的发展提供相关扶持和便利。从而，进一步推进高新技术文化企业积聚发展，壮大新兴文化产业，创造新的增长点。

四、积极推动文化和相关产业的融合发展。一方面有助于提升相关产品服务的文化附加值，赋予其文化内核、文化形态，促进相关产业创新发展，重构产业经济的生态环境，为调结构转方式促升级贡献力量。另一方面，也能丰富文化产业的资源元素，衍生文化新业态，拉长文化产业链，为打造更多个性化、分众化、多样化的产品和服务拓展新思路，为文化供给侧改革发展注入更加充沛的生机和活力。

【延伸阅读】

"十四五"时期，朝阳区将聚焦优势产业、高端环节、高效供给，汇聚人才、资本、技术等关键要素资源，重点发展数字文化、文化贸易、创意设计等高端产业，促进广告、影视、休闲娱乐等传统优势行业转型升级，加速文化产业结构升级、业态更新与链条优化。强化科技赋能，着力推动文化科技融合，大力培育网络新视听、数字广告、数字出版、网络游戏、电子竞技、互动娱乐等数字文化新业态，全力建设全国数字文化产业发展示范区；深入推进文化领域供给侧结构性改革，注重需求侧管理，大力培育文化消费新模式、新场景，提升中国国际时装周、798艺术节等国际性品牌展会活动影响力，全力打造国际时尚文化消费活力区；大力促进文化金融融合发展，提升线上线下文化金融服务平台功能，建设首都文化金融创新发展引领区；把握"两区"建设契机，全力推进落实文化领域开放政策，积极争取文化领域开放政策试点，深化国际文化贸易，建设国际文化贸易中心区；加强京津冀文化产业协同发展中心、全国老旧厂房协同发展联盟、国际文化产业园区发展联盟建设，大力推进文化与商务、旅游、体育等产业融合发展，延伸文化产业链条，提升相关产业附加值。努力将朝阳区建设成为首都文化创新引领区，打造具有国际影响力的"时尚创意之城"。

卢海君、李卫刚：
文化创新添动力
文化产业助发展

【建言背景】

朝阳区是北京市国际文化交流中心，是北京市文化产业的先行者与引领者，是北京市文化产业发展活力最强、文化产业集约化程度最高的区域之一。朝阳区已然成为北京市的文化名片，文化创意产业已经成为朝阳区的支柱产业，文化产业保持着蓬勃的发展势头。与此同时，朝阳区的文化产业发展仍然存在一些问题，还存在一些制度瓶颈和体制制约因素，文化产业与相关产业的融合度不够高，公共文化服务水平有待进一步提高。

【精彩摘编】

一、加强体制和机制创新，营造文化创新的良好环境

推进文化体制和机制创新，推动文化产业政策落地，着力营造有利于创意、创新、创造的环境，努力打造自由、公开、公平、公正的文化产业发展生态环境。加强顶层设计和统筹规划的落地，加强重要项目的布局，充分整合各方资源。

二、发展文化新经济，落实国家"文化+"工程，加强文化与相关产业的融合

充分发展文化新经济，对文化产业的发展进行结构性调整，贯彻落实国家"文化+"工程，在推进文化创意与相关产业融合等方面进行全方位探索、改革和创新。通过品牌、文创衍生品、数字文化产品、移动互联网、大数据等手段的综合运用来挖掘文化相关产业在文化附加值与产品变现能力方面的潜力。

三、提升公共文化服务水平，打造朝阳文化生态圈，传承与发展优秀传统文化

大力提高公共文化服务水平，发展文化民生，增加人民的文化获得感。打造文化、生态、生活、产业等"多位一体"的宜居、宜业、宜游的朝阳文化生态圈。积极探索与推动文化创新方式，传承发展中华优秀传统文化。

【建言解读】

"十三五"时期，我国文化发展进入了前所未有的战略机遇期。基于对文化发展自身内在规律的深刻把握，着眼当今时代文化发展新趋势、我国经济社会发展新要求、人民精神文化生活新期待，党中央进一步提出坚定文化自信、增强文化自觉、加快文化改革发展、建设社会主义文化强国的宏伟目标，进一步明确了首都北京作为全国文化中心的战略定位。基于"北京CBD—定福庄国际传媒产业走廊"这一区域良好的发展基础和广阔的发展空间，2014年7月，原文化部、北京市采取部市战略合作方式，以传媒走廊区域为核心承载区，共同规划建设国家文化产业创新实验区。

【延伸阅读】

《朝阳区"十三五"时期建设国家文化产业创新实验区发展规划》推进六大领域改革创新

1. 体制机制创新

以制度创新为着力点，进一步推进政府职能转变，以开展"建设国家文化产业创新实验区改革试点工作"为契机，深化文化体制机制改革创新，激发文化生产力。

2．政策环境创新

充分发挥文创实验区作为国家文化经济政策先行先试的"试验田"作用，坚持"问题导向"与"需求导向"，重点做好国家层面文化产业相关政策的先行先试、省市政策的集成创新、相关政策的平移借鉴以及重点领域的政策创新，构建"1+1+X"的政策创新体系。

3．市场体系创新

以构建统一开放、竞争有序、诚信守法、监管有力的现代文化市场体系为目标，发挥市场在文化资源配置中的积极作用，在文创实验区全力打造文化主体有序竞争、市场要素有效流通、产品服务层次多样、文化消费需求旺盛的文化创新市场环境。

4．金融服务创新

充分发挥文创实验区文化金融资源优势，推动文化金融深度融合，积极探索构建多层次、多样化、宽领域的文化金融服务创新体系。

5．人才培养创新

实施高端人才引领文创实验区发展战略，依托国家"千人计划"、北京市"海聚工程"、朝阳区"凤凰计划"等人才政策，进一步完善文创高端人才的认定、培养、引进、激励和服务体系，优化人才创新创业环境，打造文化产业高端人才集聚区。

6．发展模式创新

不断加大文创实验区文化产业发展理念和发展模式创新。坚持创新驱动发展模式，通过大力推动体制机制改革，政策服务创新，全面推进文化产业内容形式、技术手段、载体渠道等方面创新，以创新激发动力、增强活力、释放潜力。

侯茜：
疫情影响下
朝阳区文化产业园区尽快落实
对文化企业的减免租金政策

【建言背景】

2020年新型冠状病毒肺炎疫情对全国文化产业和旅游产业的发展运行带来了巨大冲击。受疫情影响，一系列春节文旅活动相继取消，接连而来的还有各地文化场馆陆续闭馆、旅游景区关停、春节档缺席、影视剧拍摄暂停等。疫情之下如何止损、如何求生、如何复苏，是摆在文旅企业面前的难题。

【精彩摘编】

2020年2月19日，北京市发布《关于应对新冠肺炎疫情影响促进文化企业健康发展的若干措施》，为文创园区和企业"双减负"。政策规定，在疫情期间，为承租在朝阳区注册纳税的中小微文化企业减免租金的文化产业园区，经朝阳区文创办或国家文化产业创新实验区管委会认定后，按减免金额的30%给予园区运营单位最高不超过100万元的一次性奖励支持。但据走访调研，朝阳区许多文化产业园区并未及时响应政策，如位于朝阳区高碑店乡北花园金家村中街6号的吉里国际艺术区，截至提案时仍没有执行针对园区内企业的相应减负措施。

为了缓解疫情影响下文化企业的燃眉之急，有效助推文化企业健康发展，我们建议：朝阳区文化产业园区尽快落实北京市《关于应对新冠肺炎疫情影响促进文化企业健康发展的若干措施》的规定，为园区内文化企业适当减免租金，促进园区与企业的共同发展。

【建言解读】

疫情打破了原有的经济秩序，给社会生活按下了暂停键。在严峻的疫情形势下，中小企业如何守好经营大关，解决经济难题很关键。当前文化企业普遍反映最需要的是延缴社保、减免房租、贷款延期和融资补贴等政策支持。对于这样全社会共同面对的困难，政府出面，听取民意，发布了惠民政策。但政策即使再好，要落到实处才能发挥效力，本建言正是在政策落地方面提出来的中肯建议。

银泰广场

2020 年 2 月，朝阳区文创办和国家文创实验区管委会发布了涉及文化产业园区政策支持事宜的说明，鼓励文化产业园区在疫情期间为承租在朝阳区注册纳税的中小微文化企业减免租金，执行该政策的文创园区，经认定后，可获得一次性奖励支持。此举也是对朝阳区《关于支持企业应对新型冠状病毒感染的肺炎疫情稳定发展的若干措施》的响应。政策有效期至北京市新型冠状病毒感染的肺炎疫情应急响应结束。

该政策适用主体为文化产业园区的运营单位，也就是以文化产业为主导，主要业态符合《北京市文化创意产业发展指导目录》和《北京市朝阳区文化创意产业发展指导目录》的文创园区，园区运营单位为在朝阳区进行工商注册、纳税登记的法人单位。

该政策规定，在疫情期间，为承租在朝阳区注册纳税的中小微文化企业减免租金的文化产业园区，经朝阳区文创办或国家文化产业创新实验区管委会认定后，按减免金额的 30% 给予园区运营单位最高不超过 100 万元的一次性奖励支持。政策涉及的"中小微企业"，指的是依据《中小企业划型标准规定》《文化与相关产业分类（2018）》规定的文化类中小微企业。